Dr. Oetker

Sparbackbuch

Dr. Oetker

Sparbackbuch

Dr. Oetker Verlag

Dr.Oetker
Hefe
Dr.Oetker
AUS FRISCHEN
GESAMT

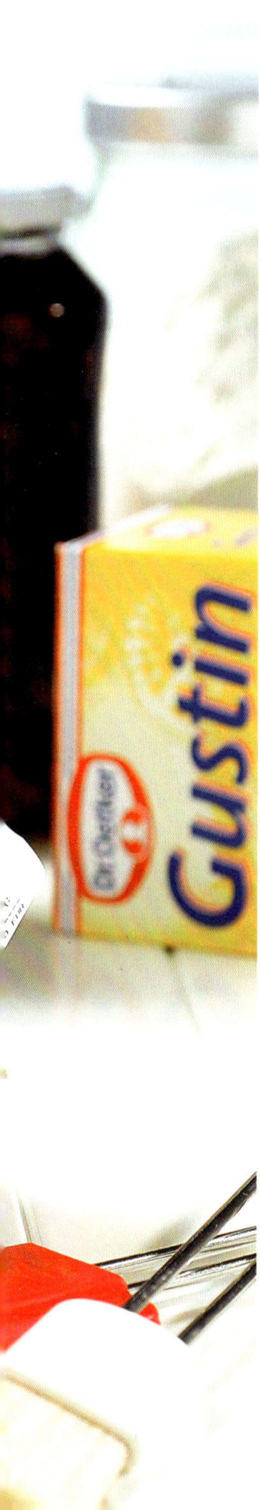

Vorwort

Preiswert und verführerisch duftend, einfach und unwiderstehlich – das sind die Vorgaben für die Backrezepte in diesem Buch.

Das Sparbackbuch bietet Ihnen die Auswahl von Kuchen und Torten zum kleinen Preis.

Klassischer Marmorkuchen aus der Form und Quarkkuchen vom Blech, fruchtige Russisch-Brot-Torte und Sauerkirsch-Frischkäse-Torte aus dem Kühlschrank – hier findet jeder seinen Lieblingskuchen: Und das für weniger als 5 Euro pro Kuchen.

Tipps zum Vorbereiten und Aufbewahren helfen Ihnen bei der Vorbereitung einer größeren Kaffeegesellschaft. Und wenn Sie bei dieser Gelegenheit nicht nur Süßes servieren möchten: Wir haben auch pikante Backideen für Sie.

Rezeptabwandlungen unterstützen Ihre Kreativität, natürlich mit Kostenkontrolle.

Zusätzliche Hinweise zum entspannten Backen nach Plan geben wir Ihnen im Ratgeber mit auf den Weg.

Probieren Sie es aus – auch mit schmalem Budget können Sie Zebrakuchen, Mousse-au-Chocolat-Tarte und Erdbeer-Schmand-Torte selbst backen.

Alle Rezepte wurden von uns nachgebacken und sind so beschrieben, dass sie Ihnen garantiert gelingen.

Kapitelübersicht

Gut vorbereitet – entspannt backen

Ratgeber

Seite 8–15

Immer gut in der Form

Kuchen aus der Form

Seite 16–53

Vom Blech weg genießen

Blechkuchen

Seite 54–99

Die Krönung jeder Kaffeetafel

Torten

Seite 100–119

Nicht nur ein Sommergenuss

Kühlschranktorten

Seite 120–135

Pikante Leckerbissen

Herzhaftes Gebäck

Seite 136–153

Ratgeber

Gut vorbereitet – entspannt backen

Jeder mag den verführerischen Duft von selbst Gebackenem. Und preiswerter als ein beim Bäcker oder Konditor gekaufter Kuchen ist es auch. Außerdem wissen Sie ganz genau, welche Zutaten Sie verarbeitet haben. Doch das Wichtigste dabei: Selbst zubereitete Torten und Blechkuchen schmecken immer am besten.

Wenn Sie sich für einen oder mehrere Kuchen entschieden haben, dann hilft Ihnen folgende Vorgehensweise.

Die Vorbereitung des Einkaufs

1. Was brauche ich?

Schreiben Sie die im Rezept angegebenen Zutaten auf einen Notizzettel. Dabei ist es hilfreich die Zutaten nach Kühl- und Tiefkühlprodukten, Nährmitteln, Konserven und Obst zu ordnen.

2. Was habe ich im Haus?

Überprüfen Sie, welche der benötigten Zutaten Sie vorrätig haben. Schreiben Sie die Zutaten, die noch gekauft werden müssen, auf Ihren Einkaufszettel.

3. Wo bekomme ich günstige Zutaten?

Werfen Sie vor dem Einkaufen einen Blick auf die Handzettel und Werbeprospekte der Supermärkte in Ihrer Nähe. Hier finden Sie oft das eine oder andere günstige Angebot von Backzutaten.

So schonen Sie Ihr Portemonnaie

Tipp 1: Kaufen Sie nur das, was auf dem Einkaufszettel steht.

Tipp 2: Vermeiden Sie lange Einkaufswege mit dem Auto bzw. kalkulieren Sie die Fahrtkosten mit ein. Für ein bestimmtes Sonderangebot lohnt sich ein weiter Weg nur selten.

Tipp 3: Preise vergleichen lohnt sich! Achten Sie auch auf die Packungsgröße: Ist der Grundpreis je 100 Gramm bei einer Großpackung wirklich niedriger als bei der kleinen? Und vor allem: Brauchen Sie die größere Packung wirklich auf?

Tipp 4: Gehen Sie nicht hungrig einkaufen. Wer Hunger hat, wird verführbar, und die Gefahr ist groß, dass Zusätzliches gekauft wird.

Zusatztipps: Eier, Milch, Schlagsahne, Quark und andere Milchprodukte gehören zu den Erzeugnissen, die besonders schnell verderben: Hier schützt nur ein genauer Blick auf das Haltbarkeitsdatum vor unangenehmen Überraschungen.
Vor allem im Sommer transportieren Sie diese kühlpflichtigen Lebensmittel am sichersten in Kühltaschen nach Hause.

Vorrat an Backzutaten – Zeitersparnis

Die Grundausstattung an Lebensmitteln zum Backen ist nicht so umfangreich. Sie findet im Vorratsschrank und Kühlschrank Platz. Damit sind Sie für spontane Backlust und überraschenden Kaffeetafelbesuch gut vorbereitet. Außerdem schützen Sie sich so vor preis- und zeitintensiven Spontaneinkäufen.

Vorschläge für den Vorratsschrank:

- Weizenmehl (Type 405), Zucker, Backpulver, Trockenbackhefe, Vanillin-Zucker, Speisestärke, Pudding- und Dessertsaucen-Pulver, weiße Gelatine
- evtl. gemahlene Mandeln und Haselnusskerne
- 2–3 Obstkonserven (z. B. Mandarinen, Sauerkirschen, Aprikosen) und Konfitüre
- H-Milch, H-Schlagsahne
- Zitronensaft

Zusatztipp: Füllen Sie den Inhalt angebrochener Mehl- und Zuckerpackungen in dicht schließende Vorratsbehälter. Versehen Sie diese mit einem Etikett, auf dem Sie den Inhalt, den Tag der Umfüllung und das Haltbarkeitsdatum schreiben. So behalten Sie besser den Überblick über das Alter Ihrer Vorräte.

Vorschläge für den ungekühlten „Frische-Vorrat"

- Obst je nach einheimischer Saison und persönlicher Vorliebe
- Bio-Zitronen (unbehandelt, ungewachst)

Vorschläge für den „Kühlschrank-Vorrat"

- Eier (Größe M)
- Butter und Backmargarine
- Quark und Joghurt
- Frischmilch
- Schlagsahne

Tipp: Wo auch immer Sie Ihre Vorräte lagern – im Küchenschrank, in der Speisekammer oder im Kühlschrank: Überprüfen Sie regelmäßig das Mindesthaltbarkeitsdatum. Hat sich irgendwo Schimmel gebildet oder unangenehmer Geruch breitgemacht? Dann hilft alles nichts: Entsorgen Sie überlagerte und verdorbene Lebensmittel! Das trifft auch auf Konserven zu, deren Deckel bzw. Böden sich nach außen wölben: Nicht öffnen, sondern weg damit!
Neu gekaufte Vorrats-Lebensmittel stellen Sie immer gleich hinter die „älteren" Vorräte, damit diese zuerst verbraucht werden.

Die Qualität der Backzutaten garantiert den Backerfolg

Frische und einwandfreie Zutaten sichern die Qualität von selbst Gebackenem. Zu lange gelagerte und minderwertige Zutaten können das Gebäck verderben. Jeder ärgert sich über die investierte Zeit, die Kosten für die Zutaten und den Energieverbrauch. Und die Erkenntnis, am falschen Ende gespart zu haben, weil man den Kuchen doch wieder beim Bäcker kaufen muss, schafft Unzufriedenheit.

Auch Schädlinge mögen Backzutaten
Backzutaten bieten ideale Lebensbedingungen für Motten, Milben und Käfer. Wenn Sie keine krabbelnde Überraschung erleben und Gesundheitsgefahren meiden möchten, sollten Sie Ihre Backzutaten regelmäßig überprüfen. Halten Sie Ihre Schränke sauber. Lagern Sie Ihre Backzutaten kühl und trocken, am besten in fest verschließbaren Gefäßen.
Im Verdachtsfall werfen Sie Produkte lieber weg.

Mehle, Fette, Zucker und Eier – ohne diese Backzutaten geht meist nichts

Welches Mehl für welches Backwerk?

Weizenmehl (Type 405) ist das beliebteste Haushalts- und Kuchenmehl.
Es ist sehr fein und wird wegen seiner guten Backeigenschaften am häufigsten für Torten und Kuchen verwendet.
Weizenmehl (Type 550) eignet sich gut für lockere, gut aufgehende Teige, wie Hefeteige. Neben Kuchen und Gebäck gelingen auch helle Brotsorten und Brötchen mit diesem Mehl besonders gut.
Dinkelmehl wird wie Weizenmehl verarbeitet. Zum Backen eignet sich die Type 630 am besten.
Vollkornmehle sind nicht für alle Gebäcke geeignet und können auch nicht ohne weiteres im Rezept das Weißmehl ersetzen. Vollkornmehle brauchen mehr Flüssigkeit und ihre Backfähigkeit ist geringer. Ihr Backwerk könnte dadurch schnell zu trocken und fest werden.

Butter oder Margarine?

Ohne Fett gelingt fast nichts. Mit Ausnahme von Biskuitteig gibt es keinen Teig, der ohne Fett auskommt. Und das aus guten Backgründen.

Fett erfüllt viele Aufgaben: Der Teig wird geschmeidig, das Gebäck saftig und alles bleibt länger frisch. Fett kann aber noch mehr: Am gefetteten Blech oder der Form bleibt so schnell nichts hängen.

Ob Sie Butter, Margarine oder beides vermischt verwenden – alles funktioniert.

Butter verleiht Kuchen und Gebäck ein feines Aroma und sorgt für den unvergleichlichen Geschmack. Da die Butter bei der Aufbewahrung im Kühlschrank eine sehr feste Konsistenz hat, sollten Sie sie rechtzeitig herausnehmen. Bei Zimmertemperatur lässt sie sich leicht geschmeidig rühren und verteilen.

Margarine wird vorwiegend aus pflanzlichen Fetten hergestellt. Zum Backen sollten Sie nur Margarine verwenden, die laut Verpackungsaufschrift auch dafür geeignet ist. Margarine bleibt auch im Kühlschrank streichfähig und geschmeidig. Sie verbindet sich gut mit den übrigen Backzutaten und lässt sich leicht unterrühren.

Ein Zucker für alles?

Zucker ist nicht nur für den süßen Geschmack wichtig, sondern bewirkt beim Backen eine gleichmäßig gebräunte Oberfläche des Gebäcks.

Raffinade, der übliche Haushaltszucker, ist als weißer Streuzucker in verschiedenen Körnungen erhältlich und gut zum Backen geeignet.

Puderzucker ist staubfein gemahlene Raffinade und wird für Glasuren und zum Bestäuben von Torten und Gebäck verwendet.

Brauner Zucker ist eine Sammelbezeichnung für Zucker von bräunlicher Farbe (z. B. Rohrzucker oder Kandisfarin).

Hauptsache frisch: Eier

Schauen Sie auf das Legedatum oder die Mindesthaltbarkeit der Eier – sie sollten zum Backen nicht älter als 2 Wochen sein. Eier werden hinsichtlich ihres Gewichtes in 4 Gewichtsklassen eingeteilt. Zum Backen werden meist Eier der Gewichtsklasse M verwendet. Wenn Sie unsicher sind, ob ein Ei frisch ist, geben Sie es in ein Glas mit Wasser: Ganz frisch ist es, wenn es flach am Boden liegen bleibt, ein paar Tage alt, wenn sich die Spitze leicht nach oben hebt. Steht das Ei senkrecht im Wasser ist es 2 bis 3 Wochen alt und muss schnell verbraucht werden.

Tipp: Schlagen Sie jedes Ei einzeln in einer Tasse auf, um ein verdorbenes Ei aussortieren zu können und eventuelle Eierschalenstücke zu entfernen.

Hühnereier übernehmen drei wichtige Aufgaben für den Backerfolg.

1. Gemeinsam mit dem Mehl festigen sie die Krume des Backwerks.
2. Da das Eigelb sowohl wasser- als auch fettlöslich ist, werden alle Zutaten zu einem glatten Teig verbunden.
3. Das zu Eischnee geschlagene Eiweiß lockert bei der Zubereitung den Teig oder die Füllung auf.

Backformen und Backhelfer

Die richtige Backform – eine grundlegende Entscheidung

Für das Backen unterschiedlicher Teige ist das Material und die Qualität der Backformen entscheidend. Aber auch das vorhandene Herdsystem sollten Sie beim Kauf von Backformen berücksichtigen, damit Sie nicht in die falsche Form investieren und unnötig Geld ausgeben.

Schwarzblechformen haben eine gute Wärmeleitfähigkeit, Antihaftwirkung und sind säurebeständig. Sie sind ideal für Elektro- und Heißluftherde.
Weißblechformen eignen sich besonders für Gasbacköfen, sind aber nicht säurebeständig. Die zeitgemäße Antihaft-Beschichtung der Weiß- und Schwarzblechformen sorgt dafür, dass sich die Gebäcke leichter aus der Form lösen.
Emaillebackformen verfügen meistens über eine Quarz-Emaille-Beschichtung. Sie sind schnitt- und kratzfest, absolut fruchtsäurebeständig und zeigen sehr gute Antihaftwirkung. Das Gebäck bräunt darin gleichmäßig und intensiv.
Keramikformen speichern die Hitze zunächst und geben sie erst dann an das Backgut weiter. Keramikformen sind in allen Herdarten einsetzbar. Die Formen gut fetten und mit Semmelbröseln ausstreuen.
Silikonformen sind flexible Backformen, die sich platzsparend verstauen lassen. Sie sind spülmaschinenfest und für alle Herdarten geeignet.

Hoch hinaus oder flach weg – für die Rezepte in diesem Buch benötigen Sie nur folgende klassische Backformen:

- 1 Backblech (30 x 40 cm)
- 1 Springform (Ø 26 cm)
- 1 Gugelhupfform (Ø 22–24 cm)
- 1 Tarteform (Ø 26–28 cm)
- 1 Kastenform (25 x 11 cm)

Praktische Backhelfer – erleichtern das Backen

Beim Backen sollten Sie die im Rezept angegebenen Zutatenportionen genau einhalten. Das Arbeiten nach Augenmaß führt nicht zum gewünschten Kuchenerfolg. Neben Küchenwaage, Maßgefäßen, Rührschüssel, Schneebesen und Teigrolle erleichtern Ihnen diese kleinen Backhelfer das Kuchenbacken:

- Ein Backpinsel hilft beim Einfetten der Form und beim Bestreichen von Gebäck und dem Auftragen von Glasuren.
- Ein Teigschaber eignet sich zum Unterheben lockerer Massen, zum Umfüllen und Verstreichen von Teigen. Außerdem minimiert er die Teigreste in der Rührschüssel.
- Eine Teigkarte kann Teig teilen, Teigreste von der Arbeitsfläche schaben und auch Teige und Cremes glatt streichen.
- Ein Tortenheber ist nicht nur zum Servieren von Tortenstücken nützlich, mit ihm lassen sich ebenfalls Sahne und Cremes gut verstreichen.
- Eine Tortengarnierscheibe, auch Kuchen- oder Tortenretter genannt, erleichtert das Umsetzen von Torten und Abheben geschnittener Tortenböden.
- Ein kleines Sieb verteilt Puderzucker oder Kakao gleichmäßig auf dem Kuchen oder der Torte.

Energie sparen beim Backen

1. Backen Sie mit Heißluft, wenn Sie mehrere Kuchen und Torten zubereiten. Dann können Sie, wenn die Backtemperaturen in den Rezepten gleich sind, 2 Backbleche oder Backformen auf dem Rost gleichzeitig in den Backofen schieben.
2. Oder Sie planen die Zubereitung so, dass Sie die Kuchen direkt im Anschluss hintereinander backen können. Dann hat der Backofen schon die richtige Temperatur und Sie sparen sich das erneute Aufheizen des Backofens.
3. Nutzen Sie die Restwärme kurz vor Beendigung der Backzeit und schalten Sie Ihren Backofen etwas früher ab.
4. Beobachten Sie Ihr Gebäck zwischendurch nur durch die Scheibe der Backofentür. Jedes Öffnen der Backofentür kostet Wärme und somit Energie.

Zeit sparen – Backen nach Plan

Kuchen vorbacken und aufbewahren

Sie haben zum Kaffeeklatsch eingeladen oder eine Geburtstagsfeier steht bevor?
Alles kein Problem.
Mit der richtigen Planung kommt kein Backstress auf.

Damit Sie einschätzen können, ob Sie 2, 3 oder 4 Kuchen brauchen, hier die Angaben wie viele Kuchenstücke Sie aus einem Kuchen schneiden können:
1 Kuchen oder 1 Torte (Ø etwa 26 cm): 12–16 Stücke
1 Blechkuchen (etwa 30 x 40 cm): 20–24 Stücke
1 Kastenkuchen (etwa 25 x 11 cm): etwa 15 Stücke
1 Gugelhupf (Ø 22–24 cm): etwa 20 Stücke

Viele Kuchen und Torten lassen sich bis zu zwei Tagen im Voraus zubereiten. Richtig verpackt und aufbewahrt halten sie sich frisch.
Nachfolgend einige Tipps, wie Sie ganz in Ruhe Ihre Kaffeetafel planen können:

Knetteig

Roher Knetteig kann, in Frischhaltefolie oder Gefrierbeutel verpackt, mehrere Tage im Kühlschrank aufbewahrt aber auch eingefroren werden. Auftauen sollte der rohe Teig in der Verpackung, am besten über Nacht im Kühlschrank. Knetteigböden können Sie in Alufolie verpackt und kühl gestellt einige Tage aufbewahren.

Blechkuchen

Lassen Sie den Kuchen auf dem Blech auf einem Kuchenrost auskühlen, dann den Kuchen vom Backblech nehmen. Das klappt leicht, wenn Sie den Kuchen vierteln. Die Kuchenviertel sofort gut verpacken und kühl und trocken stellen.

Hefegebäck

Das schmeckt frisch am besten. Sie können Hefegebäck am anderen Tag noch einmal kurz aufbacken, wenn es keine Glasur hat.

Blätterteiggebäck

Auch diese Gebäcke schmecken frisch am besten. Da vor allem gefüllte Gebäcke schnell durchweichen, sollten Sie diese noch am Tag der Zubereitung genießen. Ungefülltes Gebäck kann gut verpackt, kühl und trocken gelagert, einige Tage aufbewahrt werden.

Rührkuchen

Nehmen Sie die Form mit dem Kuchen nach dem Backen aus dem Backofen. Lassen Sie den Kuchen etwa 10 Minuten in der Form auf einem Kuchenrost stehen und stürzen Sie ihn dann auf einen Kuchenrost. Wickeln Sie das gut ausgekühlte Gebäck in Alufolie ein. So verpackt lässt sich der Kuchen kalt gestellt einige Tage aufbewahren und ist nach 1–2 Tagen richtig köstlich durchgezogen.

Sahne-, Obst- und gefüllte Torten

Ein bis zwei Tage lassen sich diese Torten im Kühlschrank frisch halten.

Kuchen einfrieren und auftauen

Einfrieren ist einfach ideal. So lecker selbst Gebackenes auch schmeckt: Ein Kuchen ist zu viel für ein oder zwei Personen. Auch nach der Kaffeerunde bleibt so manches Kuchenstück zurück. Zum Glück lassen sich die meisten Kuchen und Torten einfrieren. Einmal aufgetaut sollten sie jedoch nicht erneut eingefroren werden. Frieren Sie Kuchen in kleinen Portionen ein, das verkürzt das spätere Auftauen. Eingefrorener Kuchen hält sich etwa drei Monate, Rührkuchen sogar bis zu sechs Monate.

Gebäck ohne Sahne- und Cremefüllung, z. B. Rührkuchen, am besten in der Verpackung bei Zimmertemperatur auftauen lassen.

Sahne- und Cremetorten auf jeden Fall langsam im Kühlschrank auftauen.

Hefeteiggebäcke können auch eingefroren werden, diese in der Verpackung bei Zimmertemperatur auftauen. Wenn Sie möchten, können Sie die Gebäcke, wenn sie keine Glasur haben, auch kurz bei Backtemperatur aufbacken.

Blätterteiggebäck kann eingefroren werden. Dieses ebenfalls in der Verpackung bei Zimmertemperatur auftauen. Ungefülltes Blätterteiggebäck lässt sich nach dem Auftauen auch kurz bei Backtemperatur aufbacken.

Beliebt

Apfel-Rahm-Kuchen

Für den Knetteig: 180 g Weizenmehl • ½ TL Dr. Oetker Backin • 75 g Zucker • 1 Prise Salz • 100 g Butter • 1 Ei (Größe M)
Für den Belag: etwa 800 g Äpfel
Für den Guss: 1 Pck. Gala Pudding-Pulver Bourbon-Vanille • 75 g Zucker • 1 Pck. Dr. Oetker Finesse Geriebene Zitronenschale • 400 g Schlagsahne • 1 Ei (Größe M)
Zum Bestreichen: 2 EL Aprikosenkonfitüre • 1 EL Wasser

Zubereitungszeit: 40 Minuten, ohne Kühlzeit • Backzeit: etwa 60 Minuten
Insgesamt: E: 45 g, F: 229 g, Kh: 447 g, kJ: 16948, kcal: 4053, BE: 37,5

1 Für den Teig Mehl mit Backpulver in einer Rührschüssel mischen. Restliche Zutaten hinzufügen und mit Handrührgerät mit Knethaken zunächst kurz auf niedrigster, dann auf höchster Stufe gut durcharbeiten. Anschließend den Teig auf der leicht bemehlten Arbeitsfläche verkneten. Sollte er kleben, ihn in Frischhaltefolie gewickelt eine Zeit lang in den Küchenschrank stellen.

2 Gut die Hälfte des Teiges auf einem Springformboden (Ø 26 cm, gefettet) ausrollen und den Springformrand darumstellen. Den Rest des Teiges zu einer Rolle formen, sie als Rand auf den Boden legen und so an die Form drücken, dass ein etwa 3 cm hoher Rand entsteht.

3 Den Backofen vorheizen.
Ober-/Unterhitze: etwa 180 °C
Heißluft: etwa 160 °C

4 Für den Belag Äpfel schälen, vierteln, die Kerngehäuse entfernen und die Oberfläche der Äpfel mit einem Messer leicht einschneiden. Apfelviertel auf dem Boden verteilen.

5 Für den Guss Pudding-Pulver mit Zucker und Zitronenschale verrühren. Nach und nach die Sahne unter Rühren hinzugießen. Zuletzt das Ei unterrühren. Den Guss gleichmäßig über die Äpfel gießen.

6 Die Form auf dem Rost im unteren Drittel in den vorgeheizten Backofen schieben. Den Kuchen **etwa 60 Minuten backen.**

7 Zum Bestreichen die Form auf einen Kuchenrost stellen. Konfitüre durch ein Sieb streichen und mit dem Wasser in einem kleinen Topf unter Rühren aufkochen lassen. Den Apfel-Rahm-Kuchen sofort nach dem Backen damit bestreichen. Den Kuchen in der Form erkalten lassen.

8 Vor dem Servieren Springformrand und Springformboden lösen und entfernen. Den Kuchen auf eine Tortenplatte legen.

Wenn Sie statt Gala-Pudding-Pulver einfaches Vanille-Pudding-Pulver verwenden, sparen Sie etwa 0,15 €.

Nach Belieben den Tortenrand mit 1 Teelöffel Puderzucker bestäuben (Zusatzkosten: etwa 0,05 €).

Klassiker

Marmorkuchen

Für den Rührteig: 225 g weiche Butter oder Margarine • 200 g Zucker • 1 Pck. Dr. Oetker Vanillin-Zucker • 1 Prise Salz • 4 Eier (Größe M) • 275 g Weizenmehl • 3 gestr. TL Dr. Oetker Backin • etwa 2 EL Milch • 15 g Kakaopulver • 15 g Zucker • etwa 2 EL Milch
Zum Bestäuben: 1 EL Puderzucker

Zubereitungszeit: 30 Minuten • Backzeit: etwa 55 Minuten
Insgesamt: E: 60 g, F: 220 g, Kh: 440 g, kJ: 16980, kcal: 4060, BE: 80,0

1 Den Backofen vorheizen.
Ober-/Unterhitze: etwa 180 °C
Heißluft: etwa 160 °C

2 Für den Teig Butter oder Margarine in einer Rührschüssel mit Handrührgerät mit Rührbesen auf höchster Stufe geschmeidig rühren. Nach und nach Zucker, Vanillin-Zucker und Salz unterrühren. So lange rühren, bis eine gebundene Masse entstanden ist. Eier nach und nach unterrühren (jedes Ei etwa ½ Minute).

3 Mehl mit Backpulver mischen und abwechselnd mit der Milch in 2 Portionen kurz auf mittlerer Stufe unterrühren.

4 Zwei Drittel des Teiges in eine Gugelhupfform (Ø 22 cm, gefettet) füllen. Kakaopulver sieben, mit Zucker und Milch unter den übrigen Teig rühren. Den dunklen Teig auf dem hellen Teig verteilen und eine Gabel spiralförmig leicht durch die Teigschichten ziehen, sodass ein Marmormuster entsteht.

5 Die Form auf dem Rost im unteren Drittel in den vorgeheizten Backofen schieben. Den Kuchen **etwa 55 Minuten backen.**

6 Den Kuchen etwa 10 Minuten in der Form stehen lassen, dann aus der Form lösen, auf einen Kuchenrost stürzen und erkalten lassen.

7 Den Kuchen mit Puderzucker bestäuben.

Verfeinern Sie den Teig mit Rum-Aroma aus dem Röhrchen (Zusatzkosten: etwa 0,20 €).

Der Kuchen ist auch gefriergeeignet.

Pro Kuchen etwa
2,35 €

Fruchtig

Kirschkuchen mit Guss

Zum Vorbereiten: 1 Glas Sauerkirschen (Abtropfgewicht 350 g)
Für den Rührteig: 125 g weiche Butter oder Margarine • 125 g Zucker • 1 Pck. Dr. Oetker Vanillin-Zucker • 1 Prise Salz • 3 Eier (Größe M) • 200 g Weizenmehl • 2 gestr. TL Dr. Oetker Backin • 1 EL Milch
Außerdem: 50 g gehobelte Mandeln
Für den Guss: 1 Pck. ungezuckerter Tortenguss • 250 ml (¼ l) Kirschsaft (aus dem Glas) • 1 TL Zucker

Zubereitungszeit: 30 Minuten, ohne Abkühlzeit • Backzeit: 40–50 Minuten
Insgesamt: E: 56, F: 156 g, Kh: 390 g, kJ: 13544, kcal: 3235, BE: 32,5

1 Zum Vorbereiten die Kirschen in einem Sieb abtropfen lassen. Dabei den Saft auffangen und 250 ml (¼ l) davon abmessen.

2 Den Backofen vorheizen.
Ober-/Unterhitze: etwa 180 °C
Heißluft: etwa 160 °C

3 Für den Teig Butter oder Margarine in einer Rührschüssel mit Handrührgerät mit Rührbesen auf höchster Stufe geschmeidig rühren. Nach und nach Zucker, Vanillin-Zucker und Salz unterrühren. So lange rühren, bis eine gebundene Masse entstanden ist. Eier nach und nach unterrühren (jedes Ei etwa ½ Minute).

4 Mehl mit Backpulver mischen. Das Gemisch in 2 Portionen abwechselnd mit der Milch auf mittlerer Stufe unterrühren.

5 Den Teig in eine Springform (Ø 26 cm, Springformboden gefettet) geben und glatt streichen. Sauerkirschen darauf verteilen, dabei rundherum einen etwa 1 cm breiten Rand frei lassen. Mandeln daraufstreuen. Die Form auf einem Rost im unteren Drittel in den vorgeheizten Backofen schieben. Den Kuchen **40–50 Minuten backen.**

6 Nach dem Backen die Form auf einen Kuchenrost stellen. Den Kuchen in der Form etwa 1 Stunde erkalten lassen, dann aus der Form lösen.

7 Für den Guss aus Tortengusspulver, Kirschsaft und Zucker nach Packungsanleitung einen Guss zubereiten. Den Guss löffelweise von der Mitte aus zügig über die Kirschen geben. Den Kirschkuchen mindestens 30 Minuten in den Kühlschrank stellen.

Pro Kuchen etwa 3,- €

Einfach – zum Einfrieren geeignet

Rührteig-Kastenkuchen

Für den Rührteig: 250 g weiche Butter oder Margarine • 150 g Zucker • 1 Pck. Dr. Oetker Vanillin-Zucker • 1 Prise Salz • 4 Eier (Größe M) • 300 g Weizenmehl • 4 gestr. TL Dr. Oetker Backin • 2 EL Milch

Zubereitungszeit: 20 Minuten • Backzeit: etwa 60 Minuten
Insgesamt: E: 60 g, F: 240 g, Kh: 375 g, kJ: 16560, kcal: 3960, BE: 30,0

1 Den Backofen vorheizen.
Ober-/Unterhitze: etwa 180 °C
Heißluft: etwa 160 ° C

2 Für den Teig Butter oder Margarine mit Handrührgerät mit Rührbesen auf höchster Stufe geschmeidig rühren. Nach und nach Zucker, Vanillin-Zucker und Salz unterrühren. So lange rühren, bis eine gebundene Masse entstanden ist. Eier nach und nach unterrühren (jedes Ei etwa ½ Minute).

3 Mehl mit Backpulver mischen und abwechselnd mit der Milch in 2 Portionen kurz auf mittlerer Stufe unterrühren.

4 Den Teig in einer Kastenform (25 x 11 cm, gefettet, gemehlt) verteilen und glatt streichen. Die Form auf dem Rost im unteren Drittel in den vorgeheizten Backofen schieben. Den Kuchen **etwa 60 Minuten backen.** Nach etwa 15 Minuten Backzeit den Kuchen mit einem spitzen Messer der Länge nach in der Mitte etwa 1 cm tief einschneiden.

5 Den Kuchen 10 Minuten in der Form stehen lassen, dann aus der Form lösen und auf einen Kuchenrost stürzen. Kuchen erkalten lassen.

Verfeinern Sie den Kuchen, indem Sie 100 g gehackte Nusskerne (Zusatzkosten: etwa 1,- €) oder 100 g gehackte Schokolade (Zusatzkosten: etwa 0,70 €) zusätzlich unter den Teig heben.
Sie können den Kuchen auch in einer Gugelhupfform (Ø 22–24 cm, gefettet, gemehlt) backen. Geben Sie dann zusätzlich noch 100 g Krokant unter den Teig. Den Kuchen 45–55 Minuten backen (pro Kuchen: etwa 2,90 €).

Der Kuchen kann schon am Vortag gebacken werden. Den ausgekühlten Kuchen gut verpacken und kühl aufbewahren.

Pro Kuchen etwa 2,10 €

Einfach und schnell

Pflaumen-Streusel-Kuchen

Zum Vorbereiten: 125 g Butter • 1 Glas Pflaumen (Abtropfgewicht 385 g)
Für den Streuselteig: 200 g Weizenmehl • 1 gestr. TL Dr. Oetker Backin • 100 g Zucker • 1 Pck. Dr. Oetker Vanillin-Zucker • 1 Prise Salz
Für den Guss: 200 g Schmand (Sauerrahm) • 1 Ei (Größe M) • 1 Pck. Saucenpulver Vanille-Geschmack zum Kochen • 50 g Zucker

Zubereitungszeit: 15 Minuten • Backzeit: 45–50 Minuten
Insgesamt: E: 34 g, F: 163 g, Kh: 392 g, kJ: 13423, kcal: 3206, BE: 32,5

1 Zum Vorbereiten Butter bei schwacher Hitze zerlassen und kurz abkühlen lassen. Pflaumen in einem Sieb gut abtropfen lassen.

2 Den Backofen vorheizen.
Ober-/Unterhitze: etwa 180 °C
Heißluft: etwa 160 °C

3 Für den Teig Mehl mit Backpulver in einer Rührschüssel vermischen. Zucker, Vanillin-Zucker, Salz und zerlassene Butter hinzufügen. Die Zutaten mit Handrührgerät mit Rührbesen zunächst kurz auf niedrigster, dann auf höchster Stufe kurz zu feinen Streuseln verarbeiten.

4 Etwa drei Viertel der Streusel in einer Springform (Ø 26 cm, gefettet) verteilen und zu einem Boden andrücken. Pflaumen darauf verteilen.

5 Für den Guss Schmand mit Ei, Saucenpulver und Zucker mit einem Schneebesen verrühren. Guss auf die Pflaumen gießen und mit den restlichen Streuseln bestreuen.

6 Die Form im unteren Drittel auf dem Rost in den vorgeheizten Backofen schieben. Den Kuchen **45–50 Minuten backen.**

7 Die Form auf einen Kuchenrost stellen. Den Kuchen etwa 10 Minuten abkühlen lassen, dann den Springformrand lösen und entfernen. Den Kuchen mit dem Springformboden auf dem Kuchenrost erkalten lassen. Dann den Kuchen vom Springformboden lösen und auf eine Tortenplatte legen.

Zum Rühren eine hohe Schüssel verwenden oder den Rand locker mit Küchenpapier bedecken, damit die Streusel nicht aus der Schüssel springen.

Für einen Apfel-Streusel-Kuchen anstelle der Pflaumen 750 g säuerliche Äpfel schälen, vierteln und das Kerngehäuse entfernen. Die Viertel nochmals längs durchschneiden. So sparen Sie etwa 0,45 €.

Backen ohne Waage – zum Einfrieren geeignet

Marmor-Becherkuchen

Für den All-in-Teig: 1 Becher (150 g) saure Sahne • 2 Becher (200 g) Weizenmehl • 3 gestr. TL Dr. Oetker Backin • 1 Becher (150 g) Zucker • 1 Pck. Dr. Oetker Vanillin-Zucker • 3 Eier (Größe M) • gut ½ Pck. (150 g) weiche Butter • 1 leicht geh. EL Kakaopulver
Zum Verzieren: 50 g Zartbitter-Schokolade • 1 TL Speiseöl, z. B. Sonnenblumenöl

1 Den Backofen vorheizen.
Ober-/Unterhitze: etwa 180 °C
Heißluft: etwa 160 °C

2 Für den Teig saure Sahne in ein Schälchen geben, den Becher abwaschen, abtrocknen und zum Abmessen der Zutaten verwenden. Mehl mit Backpulver in einer Rührschüssel vermischen. Zucker, Vanillin-Zucker, Eier, Butter und saure Sahne hinzufügen. Die Zutaten mit Handrührgerät mit Rührbesen erst kurz auf niedrigster, dann auf höchster Stufe in etwa 2 Minuten zu einem glatten Teig verarbeiten.

3 Die Hälfte des Teiges in die Kastenform (25 x 11 cm, gefettet, gemehlt) füllen. Den Kakao auf den restlichen Teig sieben und unterrühren. Den dunklen Teig auf dem hellen Teig verteilen. Eine Gabel spiralförmig durch die Teigschichten ziehen, sodass ein Marmormuster entsteht. Die Form im unteren Drittel auf dem Rost in den vorgeheizten Backofen schieben. Den Kuchen **etwa 50 Minuten backen.**

4 Den Kuchen 10 Minuten in der Form stehen lassen, dann aus der Form lösen und auf einem mit Backpapier belegten Kuchenrost erkalten lassen.

5 Zum Verzieren Schokolade in kleine Stücke brechen und mit Speiseöl in einem kleinen Topf im Wasserbad bei schwacher Hitze unter Rühren schmelzen. Die Schokolade mit einem kleinen Löffel über den Kuchen sprenkeln und fest werden lassen.

Wenn Sie den Kuchen ohne Guss zubereiten, sparen Sie etwa 0,30 €.

Zubereitungszeit: 25 Minuten, ohne Abkühlzeit • Backzeit: etwa 50 Minuten
Insgesamt: E: 52 g, F: 187 g, Kh: 337 g, kJ: 13634, kcal: 3258, BE: 28,0

ro Kuchen etwa 1,70 €

Fast schon ein Klassiker

Faule-Weiber-Kuchen

Für den Knetteig: 200 g Weizenmehl • 1 gestr. TL Dr. Oetker Backin • 75 g Zucker • 125 g Butter oder Margarine
Für die Füllung: 750 g Magerquark • 2 Eier (Größe M) • 150 g Zucker • 1 Pck. Dr. Oetker Pudding-Pulver Vanille-Geschmack • 200 g Schmand (Sauerrahm) • 75 ml Speiseöl, z. B. Rapsöl • 150 ml Milch
Zum Bestäuben: 1–2 TL Puderzucker

Zubereitungszeit: 25 Minuten, ohne Kühl- und Abkühlzeit • Backzeit: etwa 100 Minuten
Insgesamt: E: 146 g, F: 252 g, Kh: 450 g, kJ: 19554, kcal: 4673, BE: 37,5

1 Den Backofen vorheizen.
Ober-/Unterhitze: etwa 180 °C
Heißluft: etwa 160 °C

2 Für den Teig Mehl mit Backpulver in einer Rührschüssel mischen. Restliche Zutaten hinzufügen und mit Handrührgerät mit Knethaken zunächst kurz auf niedrigster, dann auf höchster Stufe gut durcharbeiten.

3 Anschließend den Teig auf der leicht bemehlten Arbeitsfläche kurz verkneten. Sollte er kleben, ihn in Frischhaltefolie gewickelt eine Zeit lang in den Kühlschrank stellen.

4 Dann zwei Drittel des Teiges auf dem Boden einer Springform (Ø 26 cm, gefettet) ausrollen. Den Springformrand darumlegen und den Boden mehrmals mit einer Gabel einstechen. Die Form auf dem Rost auf mittlerer Einschubleiste in den vorgeheizten Backofen schieben. Den Kuchenboden **etwa 15 Minuten vorbacken.**

5 Form auf einen Kuchenrost stellen. Boden etwas abkühlen lassen.

6 Restlichen Teig zu einer Rolle formen, sie auf den vorgebackenen Boden legen und so an die Form drücken, dass ein etwa 3 cm hoher Rand entsteht.

7 Für die Füllung Quark, Eier, Zucker, Pudding-Pulver, Schmand, Speiseöl und Milch geschmeidig rühren, auf dem vorgebackenen Boden verteilen.

8 Die Form auf dem Rost in den vorgeheizten Backofen schieben. Kuchen bei gleicher Backofeneinstellung **weitere etwa 85 Minuten backen.**

9 Die Form auf einen Kuchenrost stellen und den Kuchen in der Form erkalten lassen. Vor dem Servieren mit Puderzucker bestäuben.

Pro Kuchen etwa
2,75 €

Mal was anderes

Zwetschen-Tarte

Für den Knetteig: 150 g Weizenmehl • etwa 2 EL kaltes Wasser • 130 g Butter oder Margarine
Für den Belag: 500 g Zwetschen • ½ Pck. Dr. Oetker Pudding-Pulver Karamell-Geschmack • 250 ml (¼ l) Milch • 2 gestr. EL Zucker
Zum Bestreuen und Bestäuben: 25 g Zucker • 1 gestr. TL gemahlener Zimt • 1–2 TL Puderzucker

Zubereitungszeit: 25 Minuten, ohne Kühlzeit • Backzeit: etwa 35 Minuten
Insgesamt: E: 28 g, F: 122 g, Kh: 266 g, kJ: 9789, kcal: 2341, BE: 22,0

1 Für den Teig Mehl in eine Rührschüssel geben. Wasser und Butter oder Margarine hinzufügen, mit Handrührgerät mit Knethaken zunächst kurz auf niedrigster, dann auf höchster Stufe gut durcharbeiten. Dann auf einer leicht bemehlten Arbeitsfläche kurz zu einem glatten Teig verkneten, in Frischhaltefolie gewickelt etwa 1 Stunde in den Kühlschrank stellen.

2 Für den Belag Zwetschen abspülen, abtropfen lassen, entstielen, halbieren und entsteinen. Zwetschenhälften nochmals längs durchschneiden.

3 Pudding-Pulver mit 6 Esslöffeln von der Milch und Zucker verrühren. Restliche Milch in einem Topf zum Kochen bringen, von der Kochstelle nehmen, angerührtes Pudding-Pulver einrühren. Pudding unter Rühren aufkochen lassen. Pudding etwas abkühlen lassen, ab und zu umrühren.

4 Den Backofen vorheizen.
Ober-/Unterhitze: etwa 200 °C
Heißluft: etwa 180 °C

5 Teig und Arbeitsfläche leicht mit Mehl bestäuben. Den Teig zu einer runden Platte (Ø etwa 32 cm) ausrollen. Den Teig in eine Tarteform (Ø etwa 28 cm, gefettet) legen und am Rand andrücken. Eventuell überstehenden Rand abschneiden, auf den Teigboden legen und andrücken. Den Teigboden mit einer Gabel mehrfach einstechen.

6 Die Form auf dem Rost auf mittlerer Einschubleiste in den vorgeheizten Backofen schieben. Den Tarteboden **etwa 10 Minuten vorbacken.** Dann die Form auf einen Kuchenrost stellen. Teigboden kurz abkühlen lassen.

7 Den Pudding auf dem Tarteboden verteilen und glatt streichen. Zwetschen dachziegelartig darauf verteilen, dabei leicht in den Pudding drücken. Zucker und Zimt mischen und auf die Zwetschen streuen.

8 Die Form wieder in den vorgeheizten Backofen schieben. Die Tarte **25–30 Minuten backen.**

Dann die Form auf einen Kuchenrost stellen. Die Tarte warm oder kalt servieren, vorher mit Puderzucker bestäuben.

Sollten die Zwetschen sehr saftig sein, sie nicht vor, sondern erst nach dem Backen mit Zimt-Zucker bestreuen.

Preiswert –zum Einfrieren geeignet

Durstige Liese

Für den Rührteig: 200 g weiche Butter oder Margarine • 200 g Zucker • 1 Pck. Dr. Oetker Vanillin-Zucker • 4 Eier (Größe M) • 200 g Weizenmehl • 50 g Speisestärke • 2 TL Dr. Oetker Backin • 1 Pck. Dr. Oetker Finesse Geriebene Zitronenschale
Zum Beträufeln: 150 ml Orangensaft • 50 ml Zitronensaft • evtl. 1 EL Zucker

1 Den Backofen vorheizen.
Ober-/Unterhitze: etwa 180 °C
Heißluft: etwa 160 °C

2 Für den Rührteig Butter oder Margarine mit Handrührgerät mit Rührbesen auf höchster Stufe geschmeidig rühren. Nach und nach Zucker und Vanillin-Zucker unterrühren. So lange rühren, bis eine gebundene Masse entstanden ist.

3 Eier nach und nach unterrühren (jedes Ei etwa ½ Minute). Mehl mit Speisestärke, Backpulver und Zitronenschale vermischen und auf mittlerer Stufe unterrühren.

4 Den Teig in eine Gugelhupfform (Ø 22–24 cm, gefettet) füllen. Die Form auf dem Rost im unteren Drittel in den vorgeheizten Backofen schieben. Den Kuchen **etwa 45 Minuten backen.**

5 Den Kuchen etwa 10 Minuten in der Form stehen lassen, dann auf einen mit Backpapier belegten Kuchenrost stürzen. Den Kuchen mit einem Holzstäbchen mehrmals einstechen und mit Orangen- und Zitronensaft (evtl. mit Zucker verrührt) beträufeln.

Der Kuchen kann bereits am Vortag zubereitet werden.
Der Teig kann auch als Blechkuchen gebacken werden. Dazu den Teig auf ein Backblech (30 x 40 cm, gefettet) streichen und etwa 30 Minuten bei gleicher Backofeneinstellung backen.

Zubereitungszeit: 15 Minuten, ohne Abkühlzeit • Backzeit: etwa 45 Minuten
Insgesamt: E: 48 g, F: 197 g, Kh: 410 g, kJ: 15291, kcal: 3654, BE: 34,0

Pro Kuchen etwa 2,95 €

Ganz einfach

Stachelbeerkuchen

Zum Vorbereiten: 125 g Butter oder Margarine
Für den Belag: 1 Glas Stachelbeeren (Abtropfgewicht 360 g)
Für den All-in-Teig: 250 g Weizenmehl • 3 gestr. TL Dr. Oetker Backin • 150 g Puderzucker • 1 Pck. Dr. Oetker Bourbon-Vanille-Zucker • 1 Prise Salz • 4 Eier (Größe M) • 200 g Schmand (Sauerrahm)
Zum Bestäuben: 1 EL Puderzucker

Zubereitungszeit: 20 Minuten, ohne Abkühlzeit • Backzeit: 40–45 Minuten
Insgesamt: E: 62 g, F: 182 g, Kh: 418 g, kJ: 15019, kcal: 3589, BE: 35,0

1 Zum Vorbereiten Butter oder Margarine in einem Topf bei schwacher Hitze zerlassen und etwas abkühlen lassen.

2 Für den Belag Stachelbeeren in einem Sieb abtropfen lassen.

3 Den Backofen vorheizen.
Ober-/Unterhitze: etwa 180 °C
Heißluft: etwa 160 °C

4 Für den Teig Mehl mit Backpulver in einer Rührschüssel mischen. Puderzucker, Vanille-Zucker, Salz, Eier, Schmand und zerlassene Butter oder Margarine hinzufügen, mit Handrührgerät mit Rührbesen auf höchster Stufe in 1 Minute zu einem glatten Teig verarbeiten.

5 Den Teig in eine Springform (Ø 26 cm, Springformboden gefettet) füllen und verstreichen. Stachelbeeren auf dem Teig verteilen, dabei am Rand etwa 1 cm frei lassen. Die Form auf dem Rost im unteren Drittel in den vorgeheizten Backofen schieben. Den Kuchen **40–45 Minuten backen.**

6 Die Form etwa 10 Minuten auf einen Kuchenrost stellen. Den Kuchen mit einem Messer aus der Form lösen und auf einem mit Backpapier belegten Kuchenrost etwa 1 Stunde erkalten lassen.

7 Den Kuchen mit Puderzucker bestäuben.

Den Stachelbeerkuchen mit 200 g geschlagener Sahne servieren (Zusatzkosten: etwa 0,30 €).
Der Kuchen ist ohne Puderzucker auch zum Einfrieren geeignet.

Pro Kuchen etwa 3,40 €

Fruchtiger Genuss

Apfeltarte

Für den Knetteig: 200 g Weizenmehl • 40 g Zucker • 125 g Butter oder Margarine
Für den Belag: 5–6 säuerliche Äpfel (etwa 750 g) • 2 TL Speisestärke • 75 g Zucker • 1 Pck. Dr. Oetker Vanillin-Zucker • 3 Eier (Größe M) • 125 g Schlagsahne
Zum Bestäuben: 1–2 TL Puderzucker

Zubereitungszeit: 35 Minuten, ohne Kühlzeit • Backzeit: 30–42 Minuten
Insgesamt: E: 48 g, F: 168 g, Kh: 372 g, kJ: 13344, kcal: 3204, BE: 30,0

1 Für den Teig Mehl mit Zucker in einer Rührschüssel mischen. Butter oder Margarine hinzufügen und alles mit Handrührgerät mit Knethaken zunächst auf niedrigster, dann auf höchster Stufe 1 Minute durcharbeiten.

2 Den Teig auf der leicht bemehlten Arbeitsfläche mit den Händen zu einem glatten Teig verkneten. Den Teig in Frischhaltefolie gewickelt etwa 1 Stunde in den Kühlschrank stellen.

3 Den Backofen vorheizen.
Ober-/Unterhitze: etwa 200 °C
Heißluft: etwa 180 °C

4 Zwei Drittel des Teiges (restlichen Teig eingewickelt wieder in den Kühlschrank stellen) auf der leicht bemehlten Arbeitsfläche zu einer runden Platte (Ø etwa 28 cm) ausrollen. Den Teig erst zur Hälfte, dann zu einem Viertel einschlagen und in eine Tarteform (Ø etwa 28 cm, Boden gefettet, mit Backpapier belegt) legen. Die Teigplatte auseinanderklappen und an den Formboden drücken. Teigboden mit einer Gabel mehrmals einstechen.

5 Die Form auf dem Rost auf mittlerer Einschubleiste in den vorgeheizten Backofen schieben. Den Tarteboden **10–12 Minuten vorbacken.** Dann die Form auf einen Kuchenrost stellen. Vorgebackenen Teigboden etwa 20 Minuten abkühlen lassen.

6 Für den Belag Äpfel schälen, vierteln und entkernen. Die Apfelviertel längs halbieren. Speisestärke, Zucker und Vanillin-Zucker in einer Rührschüssel vermischen. Eier und Sahne dazugeben, alles mit einem Schneebesen gut verrühren.

7 Aus dem restlichen Teig zwei Rollen (je etwa 40 cm lang) formen. Die Teigrollen auf den vorgebackenen Teig legen und an den Tarteformrand drücken. Apfelachtel kranzförmig, von außen nach innen, auf dem Teigboden verteilen. Den Eier-Sahne-Guss über die Äpfel gießen.

8 Die Form wieder in den Backofen schieben und bei gleicher Backofeneinstellung **weitere 20–30 Minuten backen.** Dann den Kuchen auf einem Kuchenrost erkalten lassen.

9 Die Tarte mit einem Pfannenwender vorsichtig auf eine Tortenplatte legen. Backpapier entfernen. Tarte mit Puderzucker bestäuben.

Die Apfeltarte kann auch in einer Springform (Ø 26–28 cm) zubereitet werden.

Zum Einfrieren geeignet

Süßes Streuselbrot

Für den Hefeteig: 300 g Weizenmehl • 1 Pck. Dr. Oetker Trockenbackhefe • 30 g Zucker • 1 Pck. Dr. Oetker Vanillin-Zucker • 1 Prise Salz • 1 Ei (Größe M) • 125 ml (1/8 l) lauwarme Milch • 30 g weiche Butter oder Margarine
Für die Streusel: 150 g Weizenmehl • 70 g Zucker • 100 g weiche Butter
Zum Bestreichen: 150 g rote Konfitüre, z. B. Erdbeerkonfitüre • 2 EL Milch

Zubereitungszeit: 35 Minuten, ohne Teiggehzeit • Backzeit: etwa 35 Minuten
Insgesamt: E: 63 g, F: 129 g, Kh: 553 g, kJ: 15273, kcal: 3651, BE: 46,0

1 Für den Teig Mehl mit Trockenbackhefe in eine Rührschüssel geben und gut vermischen. Zucker, Vanillin-Zucker, Salz, Ei, Milch und Butter oder Margarine hinzufügen.

2 Die Zutaten mit Handrührgerät mit Knethaken zunächst kurz auf niedrigster, dann auf höchster Stufe in etwa 5 Minuten zu einem Teig verarbeiten. Den Teig zugedeckt so lange an einem warmen Ort gehen lassen, bis er sich sichtbar vergrößert hat (etwa 20 Minuten).

3 Für die Streusel Mehl, Zucker und Butter in eine Rührschüssel geben. Die Zutaten mit Handrührgerät mit Rührbesen zunächst kurz auf niedrigster, dann auf höchster Stufe zu feinen Streuseln verarbeiten.

4 Den Hefeteig leicht mit Mehl bestäuben, aus der Schüssel nehmen, auf der leicht bemehlten Arbeitsfläche nochmals kurz durchkneten und zu einem Rechteck (etwa 25 x 40 cm) ausrollen. Die Konfitüre glatt rühren, auf den Teig streichen, dabei rundherum einen etwa 2 cm breiten Rand frei lassen. Die Hälfte der Streusel darauf verteilen.

5 Den Teig von der langen Seite her aufrollen und mit der Naht nach unten in eine Kastenform (25 x 11 cm, gefettet) legen. Den Teiglaib mit Milch bestreichen, mit den restlichen Streuseln bestreuen und nochmals zugedeckt so lange an einem warmen Ort gehen lassen, bis er sich sichtbar vergrößert hat (etwa 30 Minuten).

6 Den Backofen vorheizen.
Ober-/Unterhitze: 180–200 °C
Heißluft: 160–180 °C

7 Die Form auf dem Rost im unteren Drittel in den vorgeheizten Backofen schieben. Streuselbrot **etwa 35 Minuten backen.**

8 Das Streuselbrot etwa 5 Minuten in der Form auf einem Kuchenrost abkühlen lassen. Dann das Streuselbrot auf den Kuchenrost stürzen, wieder umdrehen und erkalten lassen.

Wer auf Konfitüre verzichten möchte, bestreicht den Teig mit 30 g zerlassener Butter und verteilt darauf die Hälfte der Streusel. Zusätzliches Aroma und Farbe gibt 1 Teelöffel gemahlener Zimt, den man unter das Mehl für die Streusel mischen kann (Zusatzkosten: etwa 0,15 €).

Für Schokoliebhaber

Mousse-au-Chocolat-Tarte

Für den Rührteig: 200 g Zartbitter-Schokolade • 150 g Butter • 5 Eiweiß (Größe M) • 1 Prise Salz • 5 Eigelb (Größe M) • 100 g Zucker • 1 Pck. Dr. Oetker Vanillin-Zucker • 100 g abgezogene, gemahlene Mandeln • 1 Msp. Dr. Oetker Backin • 1 Pck. Gala Pudding-Pulver Schokoladen-Geschmack
Zum Bestäuben: 1 EL Kakaopulver

Zubereitungszeit: 25 Minuten, ohne Abkühlzeit • Backzeit: etwa 35 Minuten
Insgesamt: E: 73 g, F: 280 g, Kh: 235 g, kJ: 15691, kcal: 3745, BE: 19,5

1 Den Backofen vorheizen.
Ober-/Unterhitze: etwa 180 °C
Heißluft: etwa 160 °C

2 Für den Teig Schokolade in Stücke brechen und mit der Butter in einem Topf bei schwacher Hitze unter Rühren schmelzen. Schoko-Butter-Masse beiseitestellen und abkühlen lassen. Eiweiß mit Salz in einer Rührschüssel so steif schlagen, dass ein Messerschnitt sichtbar bleibt.

3 In einer anderen Rührschüssel Eigelb mit Zucker und Vanillin-Zucker mit Handrührgerät mit Rührbesen weißschaumig rühren und die Schoko-Butter-Masse unterrühren. Eischnee unterheben. Mandeln, Backpulver und Pudding-Pulver mischen und ebenfalls unterheben.

4 Den Teig in eine Springform (Ø 26 cm, Springformboden, gefettet, mit Backpapier belegt) füllen und glatt streichen. Die Form im unteren Drittel auf dem Rost in den vorgeheizten Backofen schieben. Tarte **etwa 35 Minuten backen.**

5 Die Tarte etwa 1 Stunde in der Form auf einem Kuchenrost abkühlen lassen, dann den Springformrand lösen und entfernen. Die Tarte auf einen Kuchenrost setzen und völlig erkalten lassen, dann auch vom Springformboden lösen und das Backpapier entfernen. Vor dem Servieren die Tarte mit Kakaopulver bestäuben.

Die Tarte einen Tag in Alufolie verpackt kalt stellen, so zieht sie besonders gut durch.

Sie schmeckt weniger herb, wenn die Hälfte der Zartbitter-Schokolade durch Vollmilch-Schokolade ersetzt wird.

Pro Tarte etwa
4,30 €

Beliebt

Schmandkuchen

Für den Knetteig: 175 g Weizenmehl • 60 g Zucker • 1 Pck. Dr. Oetker Vanillin-Zucker • 1 Ei (Größe M) • 100 g Butter oder Margarine
Für den Belag: 1 Pck. Dr. Oetker Pudding-Pulver Vanille-Geschmack • 60 g Zucker • 400 ml Milch • 200 g Schmand (Sauerrahm) • 2 Dosen Mandarinen (Abtropfgewicht je 175 g)
Für den Guss und zum Bestäuben: 1 Pck. ungezuckerter Tortenguss, klar • 1 TL Zucker • 250 ml (¼ l) Mandarinensaft aus den Dosen • 1 TL Puderzucker

Zubereitungszeit: 40 Minuten, ohne Kühl- und Abkühlzeit • Backzeit: 60–70 Minuten
Insgesamt: E: 49 g, F: 157 g, Kh: 441 g, kJ: 14291, kcal: 3411, BE: 37,0

1 Den Backofen vorheizen.
Ober-/Unterhitze: etwa 200 °C
Heißluft: etwa 180 °C

2 Für den Knetteig Mehl in eine Rührschüssel geben. Restliche Zutaten hinzugeben und mit Handrührgerät mit Knethaken zunächst kurz auf niedrigster, dann auf höchster Stufe gut durcharbeiten. Anschließend den Teig auf einer leicht bemehlten Arbeitsfläche kurz verkneten. Sollte er kleben, ihn in Frischhaltefolie gewickelt eine Zeit lang in den Kühlschrank stellen.

3 Zwei Drittel des Teiges auf einem Springformboden (Ø 26 cm, gefettet) ausrollen und mehrmals mit einer Gabel einstechen. Springformrand darumstellen. Die Form auf dem Rost auf mittlerer Einschubleiste in den vorgeheizten Backofen schieben. Den Boden **etwa 10 Minuten vorbacken.**

4 Den Boden in der Form auf einen Kuchenrost stellen und erkalten lassen. Die Backofentemperatur um 20 °C auf Ober-/Unterhitze etwa 180 °C, Heißluft etwa 160 °C herunterschalten.

5 Für den Belag aus Pudding-Pulver, Zucker und Milch nach Packungsanleitung, aber nur mit 400 ml Milch einen Pudding zubereiten. Pudding unter gelegentlichem Umrühren etwas abkühlen lassen. Schmand unterrühren. Mandarinen in einem Sieb abtropfen lassen, dabei den Saft auffangen und 250 ml (¼ l) für den Guss abmessen, evtl. mit Wasser ergänzen.

6 Den restlichen Teig zu einer Rolle formen, als Rand auf den Boden legen und so an die Form drücken, dass ein etwa 3 cm hoher Rand entsteht. Die Puddingcreme in der Form verstreichen und mit den abgetropften Mandarinen belegen. Die Form auf dem Rost in den Backofen schieben. Den Kuchen **weitere 50–60 Minuten backen.**

7 Die Form etwa 5 Minuten auf einem Kuchenrost stehen lassen. Dann den Kuchen vorsichtig aus der Form lösen und auf einem mit Backpapier belegten Kuchenrost erkalten lassen.

8 Für den Guss aus Tortengusspulver, Zucker und Mandarinensaft nach Packungsanleitung einen Guss zubereiten. Guss auf dem Kuchen verteilen und etwa 30 Minuten in den Kühlschrank stellen. Vor dem Servieren den Kuchen am Rand mit Puderzucker bestäuben.

Gelingt leicht

Zebrakuchen

Für den Teig: 5 Eigelb (Größe M) • 250 g Zucker • 1 Pck. Dr. Oetker Vanillin-Zucker • 125 ml (1/8 l) lauwarmes Wasser • 250 ml (1/4 l) Speiseöl, z. B. Sonnenblumenöl • 375 g Weizenmehl • 1 Pck. Dr. Oetker Backin • 5 Eiweiß (Größe M) • 2 EL gesiebtes Kakaopulver

Für den Guss: 150 g Puderzucker • 2 EL Zitronensaft • 3–4 EL Wasser

Zubereitungszeit: 25 Minuten, ohne Abkühlzeit • Backzeit: 50–60 Minuten

Insgesamt: E: 77 g, F: 395 g, Kh: 688 g, kJ: 23835, kcal: 5697, BE: 57,5

1 Den Backofen vorheizen.
Ober-/Unterhitze: etwa 180 °C
Heißluft: etwa 160 °C

2 Für den Teig Eigelb, Zucker und Vanillin-Zucker mit Handrührgerät mit Rührbesen schaumig rühren. Wasser und Öl unterrühren.

3 Mehl mit Backpulver mischen und in 2 Portionen kurz unterrühren. Eiweiß steif schlagen und unterheben. Den Teig halbieren und unter eine Hälfte des Teiges den Kakao rühren.

4 Für das Zebramuster zunächst 2 Esslöffel des hellen Teiges in die Mitte einer Springform (Ø 26 cm, Boden gefettet, mit Semmelbröseln bestreut) geben (nicht verteilen!). Auf den hellen Teig 2 Esslöffel von dem dunklen Teig geben (nicht daneben).

5 Den Vorgang wiederholen, bis der Teig aufgebraucht ist. Den Teig nicht glatt streichen. Die Form auf dem Rost im unteren Drittel in den vorgeheizten Backofen schieben. Den Kuchen **50–60 Minuten backen.**

6 Zebrakuchen etwa 10 Minuten auf einem Kuchenrost abkühlen lassen, dann aus der Form lösen und auf einem Kuchenrost erkalten lassen.

7 Für den Guss Puderzucker, Zitronensaft und so viel Wasser verrühren, dass ein dünnflüssiger Guss entsteht. Den erkalteten Kuchen damit überziehen und fest werden lassen.

Wenn Sie den Kuchen ohne Guss zubereiten und nur mit einem Esslöffel Puderzucker bestäuben, sparen Sie etwa 0,35 €.

Ohne Guss ist der Kuchen auch zum Einfrieren geeignet.

Pro Kuchen etwa
2,35 €

Schnell zubereitet

Schoko-Kirsch-Gugelhupf

Zum Vorbereiten: 1 Glas Sauerkirschen (Abtropfgewicht 350 g)
Für den All-in-Teig: 200 g Weizenmehl • 2 Pck. Dr. Oetker Pudding-Pulver Schokoladen-Geschmack • 1 Pck. Dr. Oetker Backin • 125 g Zucker • 1 Pck. Dr. Oetker Bourbon-Vanille-Zucker • 5 Eier (Größe M) • 150 ml Sonnenblumenöl • 125 ml (1/8 l) Buttermilch • 100 g Raspelschokolade
Zum Bestäuben: 1 EL Puderzucker

Zubereitungszeit: 20 Minuten, ohne Abkühlzeit • Backzeit: etwa 75 Minuten
Insgesamt: E: 74 g, F: 215 g, Kh: 486 g, kJ: 17526, kcal: 4182, BE: 40,5

1 Zum Vorbereiten Kirschen in einem Sieb gut abtropfen lassen.

2 Den Backofen vorheizen.
Ober-/Unterhitze: etwa 180 °C
Heißluft: etwa 160 °C

3 Für den Teig Mehl mit Pudding-Pulver und Backpulver in einer Rührschüssel mischen. Zucker, Vanille-Zucker, Eier, Öl und Buttermilch hinzufügen. Die Zutaten in etwa 1 Minute mit Handrührgerät mit Rührbesen erst kurz auf niedrigster, dann auf höchster Stufe zu einem glatten Teig verarbeiten.

4 Raspelschokolade und Sauerkirschen vorsichtig unterheben. Den Teig in eine Gugelhupfform (Ø 22–24 cm, gefettet, gemehlt) füllen und verstreichen. Die Form auf dem Rost im unteren Drittel in den vorgeheizten Backofen schieben. Den Kuchen **etwa 75 Minuten backen.**

5 Den Kuchen nach dem Backen etwa 10 Minuten in der Form stehen lassen, dann aus der Form lösen, auf einen Kuchenrost stürzen und erkalten lassen. Vor dem Servieren den Kuchen mit Puderzucker bestäuben.

Den Kuchen mit 100 g geschmolzener Zartbitter-Schokolade überziehen, sodass der Guss in dicken „Nasen" herunterläuft (Zusatzkosten: etwa 0,60 €).

Pro Kuchen etwa
4,65 €

Einfach

Quark-Eierschecke

Für die Quarkmasse: 750 g Magerquark • 170 g Zucker • 1 Pck. Dr. Oetker Pudding-Pulver Vanille-Geschmack • 2 Eier (Größe M)
Für die Eierscheckenmasse: 5 Eiweiß (Größe M) • 100 g Zucker • 375 ml (3/8 l) Milch • 1 Pck. Pudding-Pulver Vanille-Geschmack • 5 Eigelb (Größe M) • 100 g Butter

Zubereitungszeit: 30 Minuten, ohne Abkühlzeit • Backzeit: 50–60 Minuten
Insgesamt: E: 162 g, F: 147 g, Kh: 377 g, kJ: 14659, kcal: 3500, BE: 31,5

1 Den Backofen vorheizen.
Ober-/Unterhitze: etwa 180 °C
Heißluft: etwa 160 °C

2 Für die Quarkmasse Quark, Zucker, Pudding-Pulver und Eier in eine Schüssel geben und die Zutaten mit Handrührgerät mit Rührbesen zu einer geschmeidigen Masse verrühren. Die Masse in eine Springform (Ø 26 cm, gefettet) geben und glatt streichen.

3 Für die Eierscheckenmasse Eiweiß steif schlagen. Ein Drittel des Zuckers langsam einstreuen, dabei den Eischnee weiterschlagen, bis er glänzt.

4 Von der Milch 100 ml abmessen und mit Pudding-Pulver, Eigelb und restlichem Zucker verrühren. Restliche Milch in einem Topf kurz aufkochen lassen und den Topf von der Kochstelle nehmen. Angerührtes Pudding-Pulver unterrühren und unter Rühren etwa 1 Minute aufkochen. Den Topf wieder von der Kochstelle nehmen. Butter unter den Pudding rühren. Eischnee in 2 Portionen kurz unterrühren.

5 Die Eierscheckenmasse löffelweise auf der Quarkmasse verteilen und glatt streichen. Die Form auf dem Rost im unteren Drittel in den vorgeheizten Backofen schieben. Den Kuchen **50–60 Minuten backen.**

6 Die Form auf einen Kuchenrost stellen und die Eierschecke in der Form erkalten lassen. Die erkaltete Eierschecke aus der Form lösen und auf eine Tortenplatte legen.

Nach Belieben 1 Glas Sauerkirschen (Abtropfgewicht 350 g) mit etwa 25 g angerührter Speisestärke unter Rühren aufkochen, mit Zucker abschmecken und heiß oder kalt dazureichen (Zusatzkosten: etwa 0,95 €).
Statt Pudding-Pulver Vanille-Geschmack Pudding-Pulver Sahne-Geschmack verwenden.

Pro Kuchen etwa 3,20 €

Beliebt – zum Einfrieren geeignet

Feiner Schokoladen-Gugelhupf

Für den Rührteig: 150 g Zartbitter-Schokolade • 4 Eiweiß (Größe M) • 75 g Zucker • 150 g weiche Butter oder Margarine • 75 g Zucker • 1 Pck. Dr. Oetker Vanillin-Zucker • 1 Prise Salz • 2 Eier (Größe M) • 4 Eigelb (Größe M) • 150 g Weizenmehl • 1 gestr. TL Dr. Oetker Backin • 10 g Kakaopulver
Zum Bestäuben: 1 EL Puderzucker

Zubereitungszeit: 30 Minuten, ohne Abkühlzeit • Backzeit: etwa 45 Minuten
Insgesamt: E: 73 g, F: 225 g, Kh: 348 g, kJ: 15539, kcal: 3717, BE: 29,0

1 Für den Teig Schokolade in Stücke brechen und in einem kleinen Topf im Wasserbad bei schwacher Hitze unter Rühren schmelzen lassen. Schokolade abkühlen lassen. Eiweiß mit Zucker so steif schlagen, dass ein Messerschnitt sichtbar bleibt.

2 Den Backofen vorheizen.
Ober-/Unterhitze: etwa 180 °C
Heißluft: etwa 160 °C

3 Butter oder Margarine mit Handrührgerät mit Rührbesen auf höchster Stufe geschmeidig rühren. Nach und nach Zucker, Vanillin-Zucker, Salz und flüssige Schokolade unterrühren. So lange rühren, bis eine gebundene Masse entstanden ist.

4 Eier und Eigelb nach und nach unterrühren (jedes Ei etwa ½ Minute). Mehl mit Backpulver und Kakao vermischen und in 2 Portionen auf mittlerer Stufe unterrühren. Eischnee mit einem Teigschaber unterheben.

5 Den Teig in eine Gugelhupfform (Ø 22–24 cm, gefettet, mit Semmelbröseln ausgestreut) füllen und glatt streichen. Die Form auf dem Rost im unteren Drittel in den vorgeheizten Backofen schieben. Den Kuchen **etwa 45 Minuten backen.**

6 Die Form auf einen Kuchenrost stellen. Nach etwa 10 Minuten den Kuchen auf einen mit Backpapier belegten Kuchenrost stürzen, erkalten lassen. Den Kuchen vor dem Servieren mit Puderzucker bestäuben.

Der Kuchen kann bereits am Vortag gebacken werden.

Pro Kuchen etwa
2,75 €

Mit Alkohol

Möhrenkuchen

Zum Vorbereiten: 200–250 g Möhren
Für den Teig: 4 Eiweiß (Größe M) • 4 Eigelb (Größe M) • 160 g Zucker • 1 Pck. Dr. Oetker Vanillin-Zucker • 1 Prise Salz • 2–3 EL Rum oder Orangensaft • 50 g Weizenmehl • 2 ½ gestr. TL Dr. Oetker Backin • 300 g nicht abgezogene, gemahlene Mandeln
Für den Guss: 100 g gesiebter Puderzucker • 1–2 EL Zitronensaft

1 Zum Vorbereiten für den Teig die Möhren putzen, schälen, abspülen, gut abtropfen lassen und auf einer Küchenreibe fein raspeln.

2 Den Backofen vorheizen.
Ober-/Unterhitze: etwa 180 °C
Heißluft: etwa 160 °C

3 Für den Teig Eiweiß in einer Rührschüssel so steif schlagen, dass ein Messerschnitt sichtbar bleibt und beiseitestellen. Eigelb mit Zucker, Vanillin-Zucker und Salz in einer anderen Rührschüssel mit Handrührgerät mit Rührbesen auf höchster Stufe etwa 5 Minuten schaumig rühren.

4 Rum oder Orangensaft kurz unterrühren. Mehl mit Backpulver mischen, mit der Hälfte der Mandeln auf niedrigster Stufe unterrühren.

5 Eischnee unterheben. Übrige Mandeln und die Möhrenraspel ebenfalls kurz unterrühren. Den Teig in eine Kastenform (25 x 11 cm, gefettet und gemehlt) füllen. Die Form auf dem Rost im unteren Drittel in den vorgeheizten Backofen schieben. Den Kuchen **etwa 60 Minuten backen.**

6 Den Kuchen 10 Minuten in der Form auf einem Kuchenrost stehen lassen. Dann den Kuchen aus der Form lösen, auf einen Kuchenrost stürzen und erkalten lassen.

7 Für den Guss Puderzucker und Zitronensaft zu einer dickflüssigen Masse verrühren. Den Kuchen mit dem Guss überziehen, fest werden lassen.

Ohne Guss lässt sich der Kuchen gut einfrieren. Auch zum Vorbereiten ist er sehr gut geeignet. 1–2 Tage vorher gebacken und verpackt, kann er noch durchziehen.

Zubereitungszeit: 30 Minuten, ohne Abkühlzeit • Backzeit: etwa 60 Minuten
Insgesamt: E: 92 g, F: 193 g, Kh: 334 g, kJ: 14628, kcal: 3495, BE: 28,0

Pro Kuchen etwa 4,50 €

Bei Kindern beliebt

Quarkkuchen

Für den Streuselteig: 350 g Weizenmehl • 1 gestr. TL Dr. Oetker Backin • 150 g Zucker • 2 Eier (Größe M) • 100 g Butter oder Margarine
Für den Belag: 1 kg Magerquark • 175 g Zucker • 1 Pck. Dr. Oetker Vanillin-Zucker • 4 Eier (Größe M) • 60 g Speisestärke • 400 g Schlagsahne • 50 g abgezogene, gehobelte Mandeln
Zum Bestreuen: 2 EL Zucker • 1 TL gemahlener Zimt

1 Den Backofen vorheizen.
Ober-/Unterhitze: etwa 180 °C
Heißluft: etwa 160 °C

2 Für den Teig Mehl mit Backpulver in einer Rührschüssel mischen. Zucker, Eier und Butter oder Margarine hinzufügen. Die Zutaten mit Handrührgerät mit Rührbesen zunächst kurz auf niedrigster, dann auf höchster Stufe zu Streuseln verarbeiten.

3 Die Streusel auf einem Backblech (30 x 40 cm, gefettet) verteilen und mit einem Esslöffel zu einem Boden andrücken.

4 Für den Belag Quark mit Zucker, Vanillin-Zucker, Eiern und Speisestärke gut verrühren. Sahne steif schlagen und unterheben. Die Quarkmasse auf den Streuselteig geben und glatt streichen. Mandeln darauf verteilen.

5 Das Backblech auf mittlerer Einschubleiste in den vorgeheizten Backofen schieben. Den Kuchen **etwa 40 Minuten backen.**

6 Das Backblech auf einen Kuchenrost stellen. Zucker und Zimt mischen, den noch heißen Kuchen damit bestreuen. Den Kuchen erkalten lassen.

Zubereitungszeit: 25 Minuten • Backzeit: etwa 40 Minuten
Insgesamt: E: 229 g, F: 288 g, Kh: 714 g, kJ: 26817, kcal: 6412, BE: 59,5

Wenn Sie Rosinen mögen, dann bestreuen Sie den Kuchen zusätzlich vor dem Backen mit 100 g Rosinen (Zusatzkosten: etwa 0,25 €).
Der Kuchen ist zum Einfrieren geeignet.

Pro Kuchen etwa 4,50 €

Gelingt leicht

Streuselkuchen mit Apfelmus

Für den Streuselteig: 500 g Weizenmehl • 1 Pck. Dr. Oetker Backin • 200 g Zucker • 1 Pck. Dr. Oetker Vanillin-Zucker • 1 gestr. TL gemahlener Zimt • 1 Ei (Größe M) • 250 g Butter oder Margarine
Für die Füllung: 3 Gläser Apfelmus (Einwaage je 360 g) • 100 g Rosinen

Zubereitungszeit: 25 Minuten • Backzeit: etwa 50 Minuten
Insgesamt: E: 59 g, F: 230 g, Kh: 750 g, kJ: 22447, kcal: 5361, BE: 62,5

1 Für den Teig Mehl mit Backpulver mischen und in eine Rührschüssel geben. Zucker, Vanillin-Zucker, Zimt, Ei und Butter oder Margarine hinzufügen. Die Zutaten mit Handrührgerät mit Rührbesen zunächst kurz auf niedrigster, dann auf höchster Stufe zu Streuseln verarbeiten.

2 Gut die Hälfte der Streusel auf einem Backblech (30 x 40 cm, gefettet) verteilen und zu einem Boden andrücken.

3 Den Backofen vorheizen.
Ober-/Unterhitze: etwa 180 °C
Heißluft: etwa 160 °C

4 Für die Füllung Apfelmus auf dem Teig verteilen und verstreichen. Rosinen daraufstreuen und mit einem Löffel etwas eindrücken. Restlichen Streuselteig daraufstreuen. Das Backblech auf mittlerer Einschubleiste in den vorgeheizten Backofen schieben und den Kuchen **etwa 50 Minuten backen.**

5 Das Backblech auf einen Kuchenrost stellen. Den Kuchen erkalten lassen und in Stücke schneiden.

Wer keine Rosinen mag, der lässt sie einfach weg und spart damit etwa 0,20 €.

Pro Kuchen etwa 4,50 €

Nicht nur bei Kindern beliebt

Zitronenkuchen (im Foto vorn)

Für den Rührteig: 350 g weiche Butter oder Margarine • 250 g Zucker • 2 Pck. Dr. Oetker Finesse Geriebene Zitronenschale • 5 Eier (Größe M) • 275 g Weizenmehl • 120 g Speisestärke • 2 gestr. TL Dr. Oetker Backin
Für den Guss: 250 g Puderzucker • 6–7 EL Zitronensaft

Zubereitungszeit: 35 Minuten • Backzeit: etwa 25 Minuten
Insgesamt: E: 90 g, F: 320 g, Kh: 800 g, kJ: 27000, kcal: 6460, BE: 70,0

1 Den Backofen vorheizen.
Ober-/Unterhitze: etwa 180 °C
Heißluft: etwa 160 °C

2 Für den Rührteig Butter oder Margarine mit Handrührgerät mit Rührbesen auf höchster Stufe geschmeidig rühren. Nach und nach Zucker und Zitronenschale unterrühren. So lange rühren, bis eine gebundene Masse entstanden ist. Eier nach und nach unterrühren (jedes Ei etwa ½ Minute).

3 Mehl mit Stärke und Backpulver mischen und in 2 Portionen auf mittlerer Stufe unterrühren.

4 Den Teig auf ein Backblech (30 x 40 cm, in den Ecken gefettet, mit Backpapier belegt) geben und glatt streichen. Das Backblech auf mittlerer Einschubleiste in den vorgeheizten Backofen schieben. Den Kuchen **etwa 25 Minuten backen.**

5 Für den Guss Puderzucker sieben und mit so viel von dem Zitronensaft verrühren, dass ein dickflüssiger Guss entsteht.

6 Das Backblech auf einen Kuchenrost stellen. Den heißen Kuchen mit dem Guss bestreichen (je heißer der Kuchen, desto stärker zieht der Guss ein). Den Kuchen auf dem Backblech erkalten lassen.

Für einen Orangen-Schoko-Kuchen (im Foto hinten, pro Kuchen: etwa 4,95 €) 1 Dose Mandarinen (Abtropfgewicht 175 g) in einem Sieb abtropfen lassen, dabei den Saft auffangen. Den Rührteig wie im Rezept beschrieben (aber statt mit geriebener Zitronenschale mit Orangenschalen-Aroma) zubereiten. Die Mandarinen zuletzt unterrühren. Den Teig auf das vorbereitete Backblech geben und glatt streichen. Den Kuchen wie beschrieben **etwa 25 Minuten backen.** Das Backblech auf einen Kuchenrost stellen. 200 g Zartbitter-Schokolade in der Größe der vorgeformten Einteilung in Stücke brechen, sofort auf dem heißen Kuchen verteilen und etwas andrücken.

Den Kuchen etwa 30 Minuten erkalten lassen. 175 g Puderzucker mit 4–5 Esslöffeln Mandarinensaft zu einem dickflüssigen Guss verrühren. Den Guss mit einem Teelöffel in die Zwischenräume geben und verstreichen.

Für Kinder

Kokosmilchkuchen

Für den Teig: 400 g Weizenmehl • 3 TL Dr. Oetker Backin • 225 g Zucker • 4 Eier (Größe M) • 150 g weiche Butter oder Margarine • 150 ml Kokosmilch
Für den Guss: 250 g gesiebter Puderzucker • etwa 100 ml Kokosmilch • gelbe und rote Speisefarbe

1 Den Backofen vorheizen.
Ober-/Unterhitze: etwa 180 °C
Heißluft: etwa 160 °C

2 Für den Teig Mehl mit Backpulver in einer Rührschüssel vermischen. Restliche Teigzutaten hinzufügen und mit Handrührgerät mit Rührbesen zunächst kurz auf niedrigster, dann auf höchster Stufe in etwa 2 Minuten zu einem glatten Teig verarbeiten.

3 Den Teig auf einem Backblech (30 x 40 cm, gefettet, bemehlt) verteilen und glatt streichen. Das Backblech auf mittlerer Einschubleiste in den vorgeheizten Backofen schieben. Den Kuchen **etwa 20 Minuten backen.**

4 Das Backblech auf einen Kuchenrost stellen. Den Kuchen erkalten lassen.

5 Für den Guss Puderzucker mit Kokosmilch zu einem dickflüssigen Guss verrühren. Den Kuchen mit etwa zwei Dritteln des Gusses überziehen.
Den restlichen Guss in 3 Portionen teilen und mit Speisefarbe rot, gelb und orange einfärben.

6 Den Guss getrennt in Gefrierbeutel füllen, eine kleine Spitze abschneiden und abwechselnd Linien auf den noch feuchten Guss spritzen. Mit einem Holzstäbchen abwechselnd von oben nach unten und von unten nach oben durch den Guss ziehen, sodass geschwungene Linien entstehen.

Wenn Sie keine Speisefarbe verwenden möchten, dann bestreichen Sie den Kuchen einfach nur mit dem Kokosmilchguss und streuen nach Belieben noch etwa 75 g geröstete Kokosraspel dekorativ darauf, so sparen Sie etwa 0,25 €.

Zubereitungszeit: 15 Minuten, ohne Abkühlzeit • Backzeit: etwa 20 Minuten
Insgesamt: E: 69 g, F: 163 g, Kh: 788 g, kJ: 20635, kcal: 4931, BE: 65,0

Pro Kuchen etwa
3,55 €

Raffiniert

Streuselkuchen aus Thüringen

Für den Hefeteig: 200 ml Milch • 50 g Butter oder Margarine • 375 g Weizenmehl • 1 Pck. Dr. Oetker Trockenbackhefe • 50 g Zucker • 1 Pck. Dr. Oetker Vanillin-Zucker • 1 Ei (Größe M)
Zum Bestreichen: 20 g Butter
Für die Streusel: 300 g Weizenmehl • 150 g Zucker • 1 Pck. Vanillin-Zucker • 200 g Butter oder Margarine • 10 g Kakaopulver
Zum Beträufeln: 125 ml (1/8 l) Milch • 60 g Butter
Zum Bestreichen und Bestäuben: 100 g Butter • 50 g Puderzucker

Zubereitungszeit: 35 Minuten, ohne Teiggehzeit • Backzeit: etwa 20 Minuten
Insgesamt: E: 100 g, F: 400 g, Kh: 780 g, kJ: 29540, kcal: 7060, BE: 60,0

1 Für den Teig Milch in einem kleinen Topf erwärmen. Butter oder Margarine darin zerlassen.

2 Mehl in einer Rührschüssel mit Trockenbackhefe vermischen. Übrige Zutaten und die warme Milch-Fett-Mischung hinzufügen, mit Handrührgerät mit Knethaken kurz auf niedrigster, dann auf höchster Stufe in etwa 5 Minuten zu einem glatten Teig verarbeiten. Den Teig zugedeckt so lange an einem warmen Ort gehen lassen, bis er sich sichtbar vergrößert hat.

3 Den Backofen vorheizen.
Ober-/Unterhitze: etwa 200 °C
Heißluft: etwa 180 °C

4 Den Teig leicht mit Mehl bestäuben, aus der Schüssel nehmen, auf der Arbeitsfläche nochmals kurz durchkneten und zu einer Rolle formen. Teig auf einem Backblech (30 x 40 cm, gefettet) ausrollen. Butter zerlassen. Den Teig damit bestreichen.

5 Für die Streusel Mehl mit Zucker, Vanillin-Zucker und Butter oder Margarine in einer Rührschüssel mit Handrührgerät mit Rührbesen zu Streuseln verarbeiten. Die Hälfte der Streusel großzügig auf dem Teig verteilen. Unter die restlichen Streusel Kakaopulver arbeiten und die Lücken damit füllen, sodass ein schwarz-weißes Muster entsteht.

6 Den Teig nochmals so lange an einem warmen Ort gehen lassen, bis er sich sichtbar vergrößert hat. Das Backblech auf mittlerer Einschubleiste in den vorgeheizten Backofen schieben. Kuchen **etwa 20 Minuten backen.**

7 Zum Beträufeln die Milch erhitzen und die Butter darin zerlassen. Den noch heißen Kuchen damit beträufeln und den Kuchen auf dem Backblech auf einem Kuchenrost erkalten lassen.

8 Zum Bestreichen Butter zerlassen, den Kuchen damit bestreichen und mit Puderzucker bestäuben.

Für den Kindergeburtstag

Spiegeleiernester

Für den Teig: 1 Pck. (450 g) TK-Blätterteig (10 quadratische Scheiben)
Für den Belag: 1 Dose Aprikosenhälften (Abtropfgewicht 240 g) • 2 EL Milch • 1 Pck. Backfeste Puddingcreme • 250 ml (¼ l) Milch • 50 g gestiftelte Mandeln
Zum Bestreichen: 2 EL Aprikosenkonfitüre • 1 EL Wasser

Zubereitungszeit: 35 Minuten, ohne Auftau- und Kühlzeit • Backzeit: etwa 15 Minuten je Backblech
Pro Stück: E: 5 g, F: 14 g, Kh: 31 g, kJ: 1137, kcal: 271, BE: 2,5

1 Die Blätterteigplatten nebeneinander auf die Arbeitsfläche legen und nach Packungsanleitung auftauen lassen.

2 Den Backofen vorheizen.
Ober-/Unterhitze: etwa 220 °C
Heißluft: etwa 200 °C

3 Aprikosen in einem Sieb abtropfen lassen, 10 Aprikosenhälften beiseitelegen. Die übrigen Hälften klein würfeln.

4 Die Hälfte der Blätterteigquadrate auf ein Backblech (30 x 40 cm, mit Backpapier belegt) legen. Die Ränder mit Milch bestreichen. Puddingcreme mit Milch nach Packungsanleitung zubereiten und die Aprikosenwürfel unterheben. In die Mitte jeder Teigplatte 2 Teelöffel von der Puddingcreme geben. Je eine Aprikosenhälfte mit der Schnittfläche nach unten darauflegen und die Teigränder mit Mandeln bestreuen.

5 Das Backblech auf mittlerer Einschubleiste in den vorgeheizten Backofen schieben. Spiegeleiernester **etwa 15 Minuten backen.** Die übrigen Nester ebenso auf Backpapier vorbereiten.

6 Die gebackenen Nester mit dem Backpapier vom Backblech auf einen Kuchenrost ziehen. Die vorbereiteten Nester mit dem Backpapier auf das Backblech ziehen und backen. Die Spiegeleiernester auf dem Kuchenrost erkalten lassen.

7 Zum Bestreichen Konfitüre mit Wasser in einem kleinen Topf unter Rühren aufkochen. Die Spiegeleiernester damit bestreichen und trocknen lassen.

Wenn Sie keine Packung TK-Blätterteig mit quadratischen Teigplatten bekommen, können Sie auch eine Packung (450 g) mit rechteckigen Teigplatten verwenden. Halbieren Sie die 6 rechteckigen Platten, sodass Sie 12 Teigplatten erhalten. Legen Sie 12 Aprikosenhälften beiseite und würfeln

Sie nur die restlichen. Ansonsten können Sie das Rezept wie beschrieben zubereiten.
Bei Heißluft können Sie auch 2 Backbleche auf einmal in den Backofen schieben.

Immer wieder gut

Schnelle Nussecken

Für den All-in-Teig: 200 g Weizenmehl • 1 gestr. TL Dr. Oetker Backin • 50 g gemahlene Haselnusskerne • 100 g Zucker • 1 Prise Salz • 1 Ei (Größe M) • 150 g weiche Butter oder Margarine • 4 EL kaltes Wasser
Für den Belag: 200 g Aprikosenkonfitüre • 1 Pck. Dr. Oetker Vanillin-Zucker • 2 EL Schlagsahne • 200 g gehobelte Haselnusskerne

Zubereitungszeit: 25 Minuten • Backzeit: 22–25 Minuten
Insgesamt: E: 58 g, F: 294 g, Kh: 409 g, kJ: 18923, kcal: 4523, BE: 34,0

1 Den Backofen vorheizen.
Ober-/Unterhitze: etwa 200 °C
Heißluft: etwa 180 °C

2 Für den Teig Mehl mit Backpulver in einer Rührschüssel mischen. Gemahlene Nusskerne, Zucker, Salz, Ei, Butter oder Margarine und Wasser hinzufügen. Die Zutaten mit Handrührgerät mit Rührbesen kurz auf niedrigster, dann auf höchster Stufe in 2 Minuten zu einem glatten Teig verarbeiten.

3 Den Teig auf einem Backblech (30 x 40 cm, gefettet und gemehlt) verteilen und verstreichen. Das Backblech auf mittlerer Einschubleiste in den vorgeheizten Backofen schieben. Den Teig **etwa 10 Minuten vorbacken.**

4 Inzwischen für den Belag Konfitüre unter Rühren in einem Topf aufkochen lassen und von der Kochstelle nehmen. Vanillin-Zucker, Sahne und gehobelte Nusskerne unterrühren.

5 Das Backblech auf einen Kuchenrost stellen. Die Nussmasse sofort auf dem vorgebackenen Teig verteilen und mit einer Teigkarte oder einem Esslöffel verstreichen. Das Backblech wieder in den vorgeheizten Backofen schieben und das Gebäck in **12–15 Minuten fertig backen.**

6 Das Backblech auf einen Kuchenrost stellen und das Gebäck erkalten lassen. Dann das Gebäck in 12 Quadrate (etwa 10 x 10 cm) schneiden und die Quadrate diagonal halbieren.

Die fertigen Nussecken mit 50 g aufgelöster Zartbitter-Schokolade besprenkeln (siehe Foto, Zusatzkosten: etwa 0,35 €).
Die Nussecken halten sich 2–3 Wochen in gut schließenden Dosen.

Für Mandelecken (Kosten etwa: 3,80 €) die Haselnusskerne durch Mandeln ersetzen.

Für die Nussecken etwa
4,10 €

Fast schon ein Klassiker

Apfel-Sahne-Kuchen

Für den Knetteig: 225 g Weizenmehl • 1 gestr. TL Dr. Oetker Backin • 75 g Zucker • 1 Ei (Größe M) • 150 g Butter oder Margarine
Für die Füllung: 2 Pck. Dr. Oetker Pudding-Pulver Vanille-Geschmack • 100 g Zucker • 500 ml (½ l) Orangensaft • 3–4 säuerliche Äpfel (etwa 500 g)
Für die Belag: 600 g Schlagsahne • 2 Pck. Dr. Oetker Sahnesteif • 2 Pck. Dr. Oetker Vanillin-Zucker

1 Für den Teig Mehl mit Backpulver in einer Rührschüssel mischen. Zucker, Ei und Butter oder Margarine hinzufügen, mit Handrührgerät mit Rührbesen zunächst kurz auf niedrigster, dann auf höchster Stufe zu feinen Streuseln verarbeiten. Die Streusel gleichmäßig auf einem Backblech (30 x 40 cm, gefettet) verteilen und gut zu einem Boden andrücken.

2 Den Backofen vorheizen.
Ober-/ Unterhitze: etwa 180 °C
Heißluft: etwa 160 °C

3 Für die Füllung aus Pudding-Pulver, Zucker und Orangensaft nach Packungsanleitung, aber mit den hier angegebenen Zutaten einen Pudding kochen. Äpfel schälen, vierteln, entkernen, raspeln und unter den Pudding rühren. Die Puddingmasse auf dem Teig verteilen und glatt streichen.

4 Das Backblech auf mittlerer Einschubleiste in den vorgeheizten Backofen schieben. Den Kuchen **etwa 30 Minuten backen.**

5 Das Backblech auf einen Kuchenrost stellen. Kuchen erkalten lassen.

6 Für den Belag Sahne mit Sahnesteif und Vanillin-Zucker steif schlagen und in Wellen auf dem Kuchen verstreichen.

Zubereitungszeit: 30 Minuten, ohne Abkühlzeit • Backzeit: etwa 30 Minuten
Insgesamt: E: 49 g, F: 334 g, Kh: 539 g, kJ: 22587, kcal: 5398, BE: 45,0

Den Apfel-Sahne-Kuchen maximal 1 Tag vor dem Servieren zubereiten. Zum Garnieren 1 Blatt weiße Gelatine nach Packungsanleitung einweichen, ausdrücken und in 75 ml erwärmten Orangensaft auflösen. Gelatine-Saft-Mischung in den Kühlschrank stellen. Sobald die Masse beginnt fest zu werden, die Masse mit einem Teelöffel zwischen den Sahnewellen verteilen (Zusatzkosten: etwa 0,35 €).

Pro Kuchen etwa
4,85 €

Einfach und schnell

Makronenkuchen

Für den All-in-Teig: 300 g Weizenmehl • 2 TL Dr. Oetker Backin • 125 g Zucker • 1 Pck. Dr. Oetker Vanillin-Zucker • 1 Prise Salz • 4 Eigelb (Größe M) • 200 g weiche Butter oder Margarine • 200 ml Milch
Für den Belag: 4 Eiweiß (Größe M) • 200 g Zucker • 200 g Kokosraspel

Zubereitungszeit: 15 Minuten • Backzeit: etwa 35 Minuten
Insgesamt: E: 76 g, F: 336 g, Kh: 566 g, kJ: 23523, kcal: 5622, BE: 46,5

1 Den Backofen vorheizen.
Ober-/Unterhitze: etwa 180 °C
Heißluft: etwa 160 °C

2 Für den Teig Mehl mit Backpulver in einer Rührschüssel vermischen. Zucker, Vanillin-Zucker, Salz, Eigelb, Butter oder Margarine und Milch hinzufügen. Die Zutaten mit Handrührgerät mit Rührbesen zunächst kurz auf niedrigster, dann auf höchster Stufe in etwa 2 Minuten zu einem glatten Teig verarbeiten.

3 Den Teig auf ein Backblech (30 x 40 cm, gefettet) geben und glatt streichen. Das Backblech auf mittlerer Einschubleiste in den vorgeheizten Backofen schieben. Den Kuchenboden **etwa 20 Minuten vorbacken.**

4 Für den Belag Eiweiß steif schlagen, Zucker nach und nach hinzufügen. Kokosraspel vorsichtig unterheben. Die Masse auf dem vorgebackenen Boden verteilen. Nach Belieben die Oberfläche mit einem Tortengarnierkamm wellenförmig verzieren.

5 Die Backofentemperatur herunterschalten.
Ober-/Unterhitze: etwa 160 °C
Heißluft: etwa 140 °C

6 Das Backblech wieder in den Backofen schieben und den Kuchen weitere **etwa 15 Minuten backen.**

7 Das Backblech auf einen Kuchenrost stellen. Kuchen erkalten lassen.

Das Gebäck kann mehrere Tage in einer gut schließenden Dose aufbewahrt werden.

Pro Kuchen etwa
2,70 €

Fruchtig

Birnen-Schoko-Kuchen

Zum Vorbereiten: 1 Dose Birnenhälften (Abtropfgewicht 460 g) • 120 g Zartbitter-Schokolade
Für den All-in-Teig: 250 g Weizenmehl • 4 gestr. TL Dr. Oetker Backin • 200 g Zucker • 1 Pck. Dr. Oetker Vanillin-Zucker • 4 Eier (Größe M) • 125 g weiche Butter oder Margarine • 125 g Schlagsahne
Zum Besprenkeln: 80 g Zartbitter-Schokolade

1 Zum Vorbereiten Birnenhälften gut abtropfen lassen und mit Küchenpapier trocken tupfen. Schokolade in Stücke brechen, in einem kleinen Topf im Wasserbad bei schwacher Hitze schmelzen, etwas abkühlen lassen.

2 Den Backofen vorheizen.
Ober-/Unterhitze: etwa 180 °C
Heißluft: etwa 160 °C

3 Für den Teig Mehl mit Backpulver in einer Rührschüssel mischen. Zucker, Vanillin-Zucker, Eier, Butter oder Margarine, Schokolade und Sahne hinzufügen. Die Zutaten mit Handrührgerät mit Rührbesen zunächst kurz auf niedrigster, dann auf höchster Stufe in etwa 2 Minuten zu einem glatten Teig verarbeiten.

4 Den Teig auf ein Backblech (30 x 40 cm, gefettet) geben und glatt streichen. Birnenhälften in dünne Spalten schneiden und gleichmäßig auf dem Teig verteilen. Das Backblech im unteren Drittel in den vorgeheizten Backofen schieben. Den Kuchen **etwa 30 Minuten backen.**

5 Das Backblech auf einen Kuchenrost stellen. Den Kuchen erkalten lassen.

6 Zum Besprenkeln die Schokolade wie unter Punkt 1 angegeben schmelzen. Den Kuchen mithilfe eines Teelöffels mit der Schokolade besprenkeln.

Der Schoko-Birnen-Kuchen kann bereits 1–2 Tage vor dem Verzehr zubereitet werden.

Statt Birnen können auch Sauerkirschen oder Aprikosen verwendet werden, pro Kuchen sparen Sie etwa 0,40 €.

Zubereitungszeit: 30 Minuten, ohne Abkühlzeit • Backzeit: etwa 30 Minuten
Insgesamt: E: 73 g, F: 246 g, Kh: 572 g, kJ: 20082, kcal: 4801, BE: 47,5

Pro Kuchen etwa
4,80 €

Für Kinder

Knusperkissen (im Foto vorn)

Für den Teig: ½ Pck. (225 g) TK-Blätterteig (5 quadratische Scheiben)
Zum Bestreichen: 1 Eigelb • 1 EL Milch
Für die Streusel: 175 g Weizenmehl • 75 g Zucker • 100 g Butter
Für die Füllung: 250 g gekühlte Schlagsahne • 25 g gesiebter Puderzucker • 1 Pck. Dr. Oetker Sahnesteif • 150 g Sahne-Pudding Bourbon-Vanille (aus dem Kühlregal)
Zum Bestäuben: etwas Puderzucker

Zubereitungszeit: 40 Minuten, ohne Auftau- und Kühlzeit • Backzeit: etwa 20 Minuten
Pro Stück: E: 6 g, F: 29 g, Kh: 46 g, kJ: 1987, kcal: 475, BE: 4,0

1 Die Blätterteigplatten nebeneinander auf die Arbeitsfläche legen und nach Packungsanleitung auftauen lassen.

2 Den Backofen vorheizen.
Ober-/Unterhitze: etwa 200 °C
Heißluft: etwa 180 °C

3 Die Platten aufeinanderlegen, auf der bemehlten Arbeitsfläche zu einer Platte (etwa 40 x 20 cm) ausrollen. Daraus mit einem scharfen Messer 8 Quadrate (etwa 10 x 10 cm) schneiden und auf das Backblech legen. Eigelb mit Milch verrühren, die Quadrate damit bestreichen.

4 Für die Streusel Mehl, Zucker und Butter in eine Rührschüssel geben und mit Handrührgerät mit Rührbesen zu Streuseln von gewünschter Größe verarbeiten. Die Streusel gleichmäßig auf den Teigplatten verteilen. Das Backblech auf mittlerer Einschubleiste in den vorgeheizten Backofen schieben. Die Kissen **etwa 20 Minuten backen.**

5 Die Knusperkissen auf einem Kuchenrost erkalten lassen und von jedem Gebäck vorsichtig mit einem Sägemesser waagerecht einen Deckel abschneiden.

6 Für die Füllung Sahne mit Puderzucker und Sahnesteif steif schlagen und unter den Vanille-Pudding heben. Die Creme mit einem Esslöffel oder einem Spritzbeutel auf den Gebäckböden verteilen, die Deckel auflegen und die Knusperkissen mit Puderzucker bestäuben.

Bereiten Sie aus dem restlichen Blätterteig aus der Packung (225 g) Prasselschnitten (im Foto hinten, für 10 Stück: etwa 1,50 €) zu. Dazu die aufgetauten Teigplatten halbieren und auf ein mit Backpapier belegtes Backblech legen. Streusel wie im Rezept beschrieben zubereiten. Die Teigstreifen

mit etwa 40 g Konfitüre bestreichen und mit Streuseln bestreuen. Die Streusel leicht andrücken. Die Prasselschnitten wie im Rezept angegeben backen. Erkaltete Prasselschnitten nach Belieben mit einem Guss (75 g gesiebter Puderzucker, verrührt mit 1 Esslöffel Zitronensaft) besprenkeln.

Einfach lecker – gut vorzubereiten

Mandarinen-Mandel-Kuchen

Für den Belag: 2 Dosen Mandarinen (Abtropfgewicht je 175 g) • 125 g Butter • 75 g Zucker • 4 EL Saft von den Mandarinen • 150 g gehobelte Mandeln
Für den Rührteig: 250 g Weizenmehl • 2 gestr. TL Dr. Oetker Backin • 250 g weiche Butter oder Margarine • 150 g Zucker • 1 Prise Salz • 1 Pck. Dr. Oetker Vanillin-Zucker • 3 Eier (Größe M) • 75 ml Milch

Zubereitungszeit: 25 Minuten, ohne Abkühlzeit • Backzeit: etwa 25 Minuten
Insgesamt: E: 78 g, F: 420 g, Kh: 490 g, kJ: 25725, kcal: 6147, BE: 41,0

1 Für den Belag Mandarinen in einem Sieb abtropfen lassen, dabei den Saft auffangen und 4 Esslöffel davon abmessen. Butter mit Zucker und abgemessenem Saft unter Rühren erhitzen. Mandeln unterrühren. Die Masse aufkochen, von der Kochstelle nehmen und etwas abkühlen lassen.

2 Den Backofen vorheizen.
Ober-/Unterhitze: etwa 180 °C
Heißluft: etwa 160 °C

3 Für den Teig Mehl mit Backpulver vermischen. Butter oder Margarine mit Handrührgerät mit Rührbesen auf höchster Stufe geschmeidig rühren. Nach und nach Zucker, Salz und Vanillin-Zucker unterrühren. So lange rühren, bis eine gebundene Masse entstanden ist.

4 Eier nach und nach unterrühren (jedes Ei etwa ½ Minute). Mehlgemisch und Milch abwechselnd in jeweils 2 Portionen auf mittlerer Stufe unterrühren.

5 Den Teig auf ein Backblech (30 x 40 cm, gefettet) geben und glatt streichen. Mandarinen auf dem Teig verteilen. Mandelmasse mit einem Esslöffel darauf verteilen.

6 Das Backblech auf mittlerer Einschubleiste in den vorgeheizten Backofen schieben. Den Kuchen **etwa 25 Minuten backen.**

7 Das Backblech auf einen Kuchenrost stellen. Den Kuchen erkalten lassen und in Stücke schneiden.

Für einen Stachelbeerkuchen (pro Kuchen: etwa 4,95 €) 1 Glas Stachelbeeren (Abtropfgewicht 390 g) verwenden.

Pro Kuchen etwa 4,50 €

Dauert etwas länger

Holzfällerschnitten

Für den Hefeteig: 175 ml Milch • 75 g Butter oder Margarine • 375 g Weizenmehl • 1 Pck. Dr. Oetker Trockenbackhefe • 100 g Zucker • 1 Prise Salz
Für den Belag: 1 Pck. Dr. Oetker Pudding-Pulver Vanille-Geschmack • 100 g Zucker • 500 ml (½ l) Milch • 4 Eigelb (Größe M) • 750 g Magerquark • 1 Pck. Pudding-Pulver Vanille-Geschmack • 4 Eiweiß (Größe M) • 100 g gestiftelte Mandeln
Zum Bestäuben: 2 EL Puderzucker

Zubereitungszeit: 20 Minuten, ohne Teiggeh- und Abkühlzeit • Backzeit: etwa 50 Minuten
Insgesamt: E: 200 g, F: 680 g, Kh: 620 g, kJ: 21160, kcal: 5060, BE: 50,0

1 Für den Teig Milch in einem kleinen Topf erwärmen und Butter oder Margarine darin zerlassen. Mehl in eine Rührschüssel geben und sorgfältig mit der Trockenbackhefe vermischen.

2 Restliche Zutaten und die warme Milch-Fett-Mischung hinzufügen. Die Zutaten mit Handrührgerät mit Knethaken erst kurz auf niedrigster, dann auf höchster Stufe in etwa 5 Minuten zu einem glatten Teig verarbeiten. Den Teig zugedeckt so lange an einem warmen Ort gehen lassen, bis er sich sichtbar vergrößert hat.

3 Den Hefeteig leicht mit Mehl bestäuben und auf der leicht bemehlten Arbeitsfläche nochmals gut durchkneten. Teig in einer Fettpfanne oder auf einem Backblech mit hohem Rand (30 x 40 cm, gefettet) ausrollen. Den Teig noch mal gehen lassen, bis er sich sichtbar vergrößert hat.

4 Den Backofen vorheizen.
Ober-/Unterhitze: etwa 180 °C
Heißluft: etwa 160 °C

5 Für den Belag aus Pudding-Pulver, Zucker und Milch nach Packungsanleitung einen Pudding zubereiten und etwas abkühlen lassen. Dann Eigelb, Quark und Pudding-Pulver unterrühren. Eiweiß sehr steif schlagen und vorsichtig unter die Masse heben. Die Masse auf dem Teig verstreichen und mit den Mandeln bestreuen. Fettpfanne oder Backblech im unteren Drittel in den vorgeheizten Backofen schieben. Kuchen **etwa 50 Minuten backen.**

6 Den Kuchen in der Fettpfanne oder auf dem Backblech auf einen Kuchenrost stellen. Kuchen erkalten lassen und mit Puderzucker bestäuben.

Pro Kuchen etwa
4,40 €

Einfach

Wattekuchen mit Mandarinen

Für den All-in-Teig: 300 g Weizenmehl • 3 gestr. TL Dr. Oetker Backin • 300 g Zucker • ½ Pck. Dr. Oetker Finesse Orangenschalenaroma • 1 EL Orangensaft • 4 Eier (Größe M) • 150 ml Sonnenblumenöl • 150 ml Zitronenlimonade

Für den Belag: 2 Dosen Mandarinen (Abtropfgewicht je 175 g) • 340 g Aprikosenkonfitüre • ½ Pck. Finesse Orangenschalenaroma

Für den Guss: 100 g Puderzucker • 2–3 TL Orangensaft

1 Den Backofen vorheizen.
Ober-/Unterhitze: etwa 180 °C
Heißluft: etwa 160 °C

2 Für den Teig Mehl mit Backpulver in einer Rührschüssel mischen. Zucker, Orangenschalenaroma, Orangensaft, Eier, Speiseöl und Limonade hinzufügen. Die Zutaten mit Handrührgerät mit Rührbesen auf höchster Stufe in 2 Minuten zu einem glatten Teig verarbeiten.

3 Den Teig auf ein Backblech (30 x 40 cm, gefettet, bemehlt) geben und glatt streichen. Das Backblech auf mittlerer Einschubleiste in den vorgeheizten Backofen schieben. Den Kuchen **etwa 20 Minuten backen.**

4 Das Backblech auf einen Kuchenrost stellen, Kuchen abkühlen lassen.

5 Für den Belag die Mandarinen in einem Sieb gut abtropfen lassen. Aprikosenkonfitüre unter Rühren in einem Topf kurz aufkochen. Mandarinen und Orangenschalenaroma unterrühren. Die Masse auf dem Kuchen verteilen und erkalten lassen.

6 Für den Guss Puderzucker mit Orangensaft zu einem Guss verrühren und mit einem Teelöffel auf den Kuchen träufeln.

Bestreuen Sie den noch feuchten Guss mit 50 g Vollmilch-Raspelschokolade oder Schokostreuseln (Zusatzkosten: etwa 0,50 €).
Statt Orangensaft können Sie auch den Mandarinensaft aus der Dose verwenden.

Zubereitungszeit: 25 Minuten, ohne Abkühlzeit • Backzeit: etwa 20 Minuten
Insgesamt: E: 63 g, F: 187 g, Kh: 941 g, kJ: 23952, kcal: 5726, BE: 78,5

Pro Kuchen etwa
4,30 €

Schnell – gelingt jedem

Blitzkuchen

Für den Rührteig: 300 g weiche Butter oder Margarine • 200 g Zucker • 1 Pck. Dr. Oetker Vanillin-Zucker • 1 Prise Salz • 5 Eier (Größe M) • 300 g Weizenmehl • 2 gestr. TL Dr. Oetker Backin • 100 g abgezogene, gemahlene Mandeln
Für den Belag: 100 g gehackte Mandeln • 50 g gehobelte Mandeln • 100 g feiner Kandiszucker (Grümmel)

1 Den Backofen vorheizen.
Ober-/Unterhitze: etwa 180 °C
Heißluft: etwa 160 °C

2 Für den Teig Butter oder Margarine mit Handrührgerät mit Rührbesen auf höchster Stufe geschmeidig rühren. Nach und nach Zucker, Vanillin-Zucker und Salz unterrühren. So lange rühren, bis eine gebundene Masse entstanden ist. Eier nach und nach unterrühren (jedes Ei etwa ½ Minute).

3 Mehl mit Backpulver mischen und in 2 Portionen kurz auf mittlerer Stufe unterrühren. Mandeln unterheben. Den Teig auf ein Backblech (30 x 40 cm, gefettet) geben und glatt streichen.

4 Für den Belag gehackte und gehobelte Mandeln mit Zucker mischen und auf den Teig streuen. Das Backblech auf mittlerer Einschubleiste in den vorgeheizten Backofen schieben. Den Kuchen **25–30 Minuten backen.**

5 Das Backblech auf einen Kuchenrost stellen. Kuchen erkalten lassen.

Besonders saftig wird der Kuchen, wenn Sie direkt nach dem Backen 200 g flüssige Schlagsahne auf dem heißen Kuchen verteilen (Zusatzkosten: etwa 0,30 €).

Für einen Mandel-Blitz-Gugelhupf (pro Kuchen: etwa 3,90 €) den Rührteig wie beschrieben zubereiten und zum Schluss zusätzlich 50 g gehackte Mandeln unter den Teig heben. Dann eine Gugelhupfform (Ø 22 cm, gefettet) mit 25 g gehobelten Mandeln ausstreuen und den Teig in die Form geben. Die Form auf dem Rost im unteren Drittel bei gleicher Backofeneinstellung in den vorgeheizten Backofen schieben. Den Kuchen etwa 50 Minuten backen.

Zubereitungszeit: 20 Minuten • Backzeit: 25–30 Minuten
Insgesamt: E: 112 g, F: 426 g, Kh: 530 g, kJ: 26872, kcal: 6421, BE: 44,0

Pro Kuchen etwa
4,85 €

Erfrischend

Zitronen-Sahne-Rolle

Für den Biskuitteig: 4 Eier (Größe M) • 1 Eigelb (Größe M) • 80 g Zucker • 1 Pck. Dr. Oetker Vanillin-Zucker • 80 g Weizenmehl • ½ gestr. TL Dr. Oetker Backin
Für die Füllung: 4 Blatt weiße Gelatine • 400 g gekühlte Schlagsahne • 4 EL Zitronensaft • 70 g gesiebter Puderzucker • 1 Pck. Dr. Oetker Finesse Geriebene Zitronenschale
Außerdem: 1–2 TL Puderzucker

Zubereitungszeit: 45 Minuten, ohne Kühlzeit • Backzeit: etwa 10 Minuten
Insgesamt: E: 48 g, F: 160 g, Kh: 272 g, kJ: 11520, kcal: 2752, BE: 24,0

1 Den Backofen vorheizen.
Ober-/Unterhitze: etwa 200 °C

2 Für den Teig Eier und Eigelb in einer Rührschüssel mit Handrührgerät mit Rührbesen auf höchster Stufe in 1 Minute schaumig schlagen. Zucker mit Vanillin-Zucker mischen, unter Rühren in 1 Minute einstreuen und die Masse weitere 2 Minuten schlagen.

3 Mehl mit Backpulver mischen und kurz auf niedrigster Stufe unterrühren. Den Teig gleichmäßig auf ein Backblech (30 x 40 cm, gefettet, mit Backpapier belegt) streichen. Das Backblech auf mittlerer Einschubleiste in den vorgeheizten Backofen schieben. Die Biskuitplatte **etwa 10 Minuten backen.**

4 Die Biskuitplatte sofort nach dem Backen vom Rand lösen, auf ein mit Zucker bestreutes Backpapier stürzen und mit Backpapier erkalten lassen.

5 Für die Füllung Gelatine nach Packungsanleitung einweichen. Schlagsahne fast steif schlagen. Gelatine leicht ausdrücken und in einem kleinen Topf unter Rühren auflösen. Zitronensaft, Puderzucker und Zitronenschale unter die aufgelöste Gelatine rühren.

6 Erst etwa 2 Esslöffel der Sahne mit einem Schneebesen mit der Gelatinemischung verrühren, dann sofort die Gelatinemasse unter die Sahne schlagen und die Sahne vollständig steif schlagen.

7 Mitgebackenes Backpapier vorsichtig von der Biskuitplatte abziehen. Biskuitplatte mit der Zitronensahne bestreichen, von der längeren Seite her aufrollen, mindestens 2 Stunden in den Kühlschrank stellen.

8 Vor dem Servieren die Rolle mit Puderzucker bestäuben.

Für eine einfache Biskuitrolle (pro Kuchen: etwa 2,35 €) aus 5 Eiern (Größe M), 1 Eigelb (Größe M), 75 g Zucker, 1 Pck. Dr. Oetker Vanillin-Zucker, 90 g Weizenmehl und ½ gestr. Teelöffel Dr. Oetker Backin wie im Rezept beschrieben einen Biskuitteig zubereiten, backen, stürzen und erkalten lassen. Etwa 375 g Konfitüre pürieren oder durch ein Sieb streichen. Das mitgebackene Backpapier von der Biskuitplatte vorsichtig abziehen und die Biskuitplatte mit der Konfitüre bestreichen. Die Biskuitplatte von der längeren Seite her aufrollen und mit Puderzucker bestäuben.

Einfach

Sägespänekuchen

Für den All-in-Teig: 150 g Weizenmehl • 50 g Speisestärke • 15 g Kakaopulver • 4 gestr. TL Dr. Oetker Backin • 200 g Zucker • 1 Pck. Dr. Oetker Vanillin-Zucker • 1 Prise Salz • 4 Eier (Größe M) • 200 g weiche Butter oder Margarine • 2–3 EL Milch
Für die Buttercreme: 1 Pck. Dr. Oetker Pudding-Pulver Vanille-Geschmack • 500 ml (½ l) Milch • 75 g Zucker • 200 g weiche Butter
Für den Belag: 75 g Butter • 100 g Zucker • 200 g Kokosraspel

Zubereitungszeit: 45 Minuten, ohne Abkühlzeit • Backzeit: etwa 20 Minuten
Insgesamt: E: 80 g, F: 578 g, Kh: 607 g, kJ: 33224, kcal: 7940, BE: 50,0

1 Den Backofen vorheizen.
Ober-/Unterhitze: etwa 180 °C
Heißluft: etwa 160 °C

2 Für den Teig Mehl mit Speisestärke, Kakao und Backpulver in einer Rührschüssel mischen. Restliche Zutaten hinzufügen und mit Handrührgerät mit Rührbesen zunächst kurz auf niedrigster, dann auf höchster Stufe in etwa 2 Minuten zu einem glatten Teig verarbeiten.

3 Den Teig auf ein Backblech (30 x 40 cm, gefettet) geben und glatt streichen. Das Backblech auf mittlerer Einschubleiste in den vorgeheizten Backofen schieben. Den Boden **etwa 20 Minuten backen.**

4 Backblech auf einen Kuchenrost stellen. Kuchenboden erkalten lassen.

5 Für die Buttercreme einen Pudding nach Packungsanleitung aus Pudding-Pulver und Milch, aber nur mit 75 g Zucker zubereiten und sofort in eine Schüssel geben. Frischhaltefolie direkt auf den Pudding geben, damit sich keine Haut bildet, und den Pudding bei Zimmertemperatur erkalten lassen.

6 Butter mit Handrührgerät mit Rührbesen geschmeidig rühren, dann den Pudding esslöffelweise unterrühren. Dabei darauf achten, dass Pudding und Butter Zimmertemperatur haben, da die Creme sonst gerinnt. Die Buttercreme auf den Kuchen geben, glatt streichen und fest werden lassen.

7 Für den Belag „Sägespäne" zubereiten. Dazu Butter in einem Topf zerlassen. Zucker und Kokosraspel hinzufügen und unter Rühren leicht bräunen. „Sägespäne" etwas abkühlen lassen und gleichmäßig auf die Buttercreme streuen, evtl. leicht andrücken.

Ohne „Sägespäne" lässt sich der Kuchen gut einfrieren.

Pro Kuchen etwa
4,15 €

Einfach lecker

Apfel-Zimt-Schnecken

Für die Füllung: 400 g säuerliche Äpfel • 50 g Zucker • ½ TL gemahlener Zimt • 1 EL Zitronensaft • 40 g Butter • 1 leicht geh. EL Weizenmehl
Für den Hefeteig: 375 g Weizenmehl • 1 Pck. Dr. Oetker Hefeteig Garant • 50 g Zucker • 180 g Schlagsahne • 100 g weiche Butter oder Margarine
Zum Bestreichen und Bestreuen: 20 g Schlagsahne • 1 EL Zimt-Zucker

Zubereitungszeit: 45 Minuten, ohne Teiggeh- und Abkühlzeit • Backzeit: etwa 20 Minuten je Backblech
Pro Stück: E: 3 g, F: 8 g, Kh: 28 g, kJ: 865, kcal: 207, BE: 2,5

1 Für die Füllung Äpfel schälen, vierteln, entkernen und fein würfeln. Apfelwürfel mit Zucker, Zimt, Zitronensaft und Butter in einen Topf geben, bei mittlerer Hitze unter Rühren aufkochen lassen. Mehl auf die Apfelmasse streuen und unterrühren. Masse unter Rühren kräftig aufkochen lassen.

2 Die Apfelmasse von der Kochstelle nehmen und abkühlen lassen, dabei gelegentlich umrühren. Ein Backblech mit Backpapier belegen, einen weiteren Bogen Backpapier bereitlegen.

3 Für den Teig Mehl in eine Rührschüssel geben und sorgfältig mit Hefeteig Garant vermischen. Zucker, Sahne und Butter oder Margarine hinzufügen. Die Zutaten mit Handrührgerät mit Knethaken zunächst kurz auf niedrigster, dann auf höchster Stufe in etwa 2 Minuten zu einem Teig verarbeiten.

4 Den Teig leicht mit Mehl bestäuben, auf der leicht bemehlten Arbeitsfläche kurz durchkneten und zu einem Rechteck (etwa 30 x 45 cm) ausrollen. Die Apfelmasse darauf verstreichen, dabei an den langen Seiten einen etwa 2 cm breiten Rand frei lassen.

5 Den Backofen vorheizen.
Ober-/Unterhitze: etwa 180 °C
Heißluft: etwa 160 °C

6 Den Teig von der längeren Seite her aufrollen. Die Rolle quer halbieren und jede Hälfte in 8 Scheiben schneiden. Die Teigscheiben mit Abstand auf dem vorbereiteten Backblech und dem Backpapierbogen verteilen und 5 Minuten stehen lassen.

7 Die Teigscheiben mithilfe eines Backpinsels mit Sahne bestreichen und mit Zimt-Zucker bestreuen. Das Backblech auf mittlerer Einschubleiste in den vorgeheizten Backofen schieben. Die Schnecken **etwa 20 Minuten backen.**

Für 16 Schnecken etwa 3,- €

8 Die Apfelschnecken mit dem Backpapier auf einen Kuchenrost ziehen. Den zweiten Bogen mit den Schnecken auf das Backblech ziehen und wie die ersten Schnecken backen. Schnecken erkalten lassen.

Für Marzipanschnecken (im Foto links, für 16 Schnecken: etwa 4,15 €) für die Füllung 200 g Marzipan-Rohmasse fein würfeln und mit 100 g weicher Butter oder Margarine mit Handrührgerät mit Rührbesen schaumig rühren. 1 Ei (Größe M) unterrühren. Den Hefeteig wie im Rezept beschrieben zubereiten. Statt der Apfelfüllung die Marzipanfüllung aufstreichen. Je 100 g gehackte Mandeln und Rosinen daraufstreuen und einrollen. Teigrolle in Scheiben schneiden und vor dem Backen mit Sahne bestreichen (sie müssen nicht mit Zimt-Zucker bestreut werden). Die noch warmen Marzipanschnecken mit einem Guss aus 100 g Puderzucker und 2–3 Esslöffeln Zitronensaft bestreichen.

Für Gäste

Kirschbutter-Kuchen

Zum Vorbereiten: 2 Gläser Sauerkirschen (Abtropfgewicht je 370 g)
Für den Quark-Öl-Teig: 300 g Weizenmehl • 1 Pck. Dr. Oetker Backin • 150 g Magerquark • 100 ml Milch • 100 ml Sonnenblumenöl • 80 g Zucker • 1 Pck. Dr. Oetker Vanillin-Zucker • 1 Prise Salz
Für die Kirschbutter: 4 EL Kirschkonfitüre • 125 g weiche Butter • 3 Eigelb (Größe M) • 3 Eiweiß (Größe M) • 75 g Zucker

Zubereitungszeit: 40 Minuten • Backzeit: etwa 30 Minuten
Insgesamt: E: 82 g, F: 241 g, Kh: 618 g, kJ: 21029, kcal: 5023, BE: 51,5

1 Zum Vorbereiten Sauerkirschen in einem Sieb gut abtropfen lassen.

2 Den Backofen vorheizen.
Ober-/Unterhitze: etwa 180 °C
Heißluft: etwa 160 °C

3 Für den Teig Mehl mit Backpulver in einer Rührschüssel mischen. Quark, Milch, Sonnenblumenöl, Zucker, Vanillin-Zucker und Salz hinzufügen. Die Zutaten mit Handrührgerät mit Knethaken zunächst kurz auf niedrigster, dann auf höchster Stufe in etwa 1 Minute zu einem Teig verarbeiten (nicht zu lange, Teig klebt sonst). Den Teig auf einer bemehlten Arbeitsfläche zu einer Rolle formen.

4 Den Teig auf einem Backblech (30 x 40 cm, gefettet) ausrollen. Sauerkirschen darauf verteilen.

5 Für die Kirschbutter Konfitüre mit Butter und Eigelb gut verrühren. Eiweiß steif schlagen und den Zucker unterrühren. Die Eiweißmasse unter die Kirschbutter heben und auf den mit Sauerkirschen belegten Teig streichen.

6 Das Backblech auf mittlerer Einschubleiste in den vorgeheizten Backofen schieben. Den Kuchen **etwa 30 Minuten backen.**

7 Das Backblech auf ein Kuchenrost stellen, den Kuchen erkalten lassen.

Für einen Kirschkuchen mit Streuseln (pro Kuchen: etwa 4,55 €) statt der Kirschbutter Mandelstreusel auf die Sauerkirschen gegeben. Dafür aus 250 g Weizenmehl, 200 g Zucker und 200 g Butter Streusel von gewünschter Größe zubereiten, 100 g gehobelte Mandeln unterheben. Die Streusel auf die Kirschen streuen. Den Kuchen bei der oben angegebenen Backofeneinstellung etwa 40 Minuten backen.

Pro Kuchen etwa
4,05 €

Einfach

Zuckerkuchen

Für den Hefeteig: 50 g Butter • 375 g Weizenmehl • 1 Pck. Hefeteig Garant • 75 g Zucker • 1 Pck. Dr. Oetker Vanillin-Zucker • 1 Prise Salz • 1 Ei (Größe M) • 150 ml Milch
Für den Belag: 75 g kalte Butter • 120 g Zucker • 150 g saure Sahne

1 Für den Teig Butter zerlassen und abkühlen lassen. Mehl in einer Rührschüssel sorgfältig mit Hefeteig Garant vermischen. Zucker, Vanillin-Zucker, Salz, Ei, Milch und Butter hinzufügen und mit Handrührgerät mit Knethaken zunächst kurz auf niedrigster, dann auf höchster Stufe in 2 Minuten zu einem glatten Teig verarbeiten.

2 Den Teig dann auf der leicht bemehlten Arbeitsfläche zu einer Rolle verkneten und auf einem Backblech (30 x 40 cm, gefettet) ausrollen.

3 Den Backofen vorheizen.
Ober-/Unterhitze: etwa 200 °C
Heißluft: etwa 180 °C

4 Für den Belag die Butter in Flöckchen gleichmäßig auf den Teig setzen. Den Zucker daraufstreuen. Das Backblech auf mittlerer Einschubleiste in den vorgeheizten Backofen schieben. Den Kuchen **etwa 20 Minuten backen.**

5 Etwa 5 Minuten vor dem Ende der Backzeit das Gebäck gleichmäßig mit saurer Sahne bestreichen und fertig backen.

6 Das Backblech auf einen Kuchenrost stellen und den Kuchen erkalten lassen.

Der Zuckerkuchen eignet sich zum Einfrieren, schmeckt aber am besten frisch.

Zusätzlich können noch 50 g gehobelte Mandeln oder gehackte Haselnusskerne auf den Teig gestreut werden (Zusatzkosten: etwa 0,50 €).

Zubereitungszeit: 20 Minuten, ohne Abkühlzeit • Backzeit: etwa 20 Minuten
Insgesamt: E: 58 g, F: 143 g, Kh: 493 g, kJ: 14881, kcal: 3556, BE: 41,0

Pro Kuchen etwa
2,10 €

Für Kinder

Schokoladen-Aprikosen-Kuchen

Für den Belag: 2 Dosen Aprikosenhälften (Abtropfgewicht je 480 g)
Für den Teig: 200 g Weizenmehl • 2 ½ TL Dr. Oetker Backin • 3 EL Kakaopulver • 5 Eier (Größe M) • 125 g Zucker • 200 g weiche Butter • 150 g Schokoladenpudding aus dem Kühlregal
Zum Bestreichen: 2 EL Fruchtaufstrich Aprikose (ohne Fruchtstücke) oder Aprikosenkonfitüre

Zubereitungszeit: 15 Minuten, ohne Abkühlzeit • Backzeit: etwa 30 Minuten
Insgesamt: E: 73 g, F: 229 g, Kh: 486 g, kJ: 18225, kcal: 4352, BE: 40,5

1 Für den Belag Aprikosenhälften in einem Sieb abtropfen lassen.

2 Den Backofen vorheizen.
Ober-/Unterhitze: etwa 180 °C
Heißluft: etwa 160 °C

3 Für den Teig Mehl mit Back- und Kakaopulver in einer Rührschüssel mischen. Restliche Zutaten hinzufügen und mit Handrührgerät mit Rührbesen auf höchster Stufe etwa 2 Minuten zu einem glatten Teig verarbeiten.

4 Einen Backrahmen in der Größe des Backbleches auf ein Backblech (30 x 40 cm, gefettet) stellen. Den Teig einfüllen und glatt streichen. Die Aprikosenhälften mit der Wölbung nach oben auf dem Teig verteilen.

5 Das Backblech im unteren Drittel in den vorgeheizten Backofen schieben. Den Kuchen **etwa 30 Minuten backen.**

6 Das Backblech auf einen Kuchenrost stellen. Kuchen erkalten lassen.

7 Zum Bestreichen den Fruchtaufstrich in einem kleinen Topf zum Kochen bringen und die Aprikosen damit bestreichen.

Der Kuchen kann auch in einer Fettpfanne zubereitet werden, wenn Sie keinen Backrahmen haben.

Für einen Schokoladen-Pfirsich-Kuchen (pro Kuchen: etwa 4,90 €) verwenden Sie statt der Aprikosen 2 Dosen Tortenpfirsiche (Abtropfgewicht je 500 g). Diese gut abtropfen lassen und auf dem Teig verteilen. Zum Bestreichen des Kuchens brauchen Sie dann 3 Esslöffel Aprikosenkonfitüre.

Pro Kuchen etwa
4,75 €

Schnell und einfach

Haselnusskuchen

Für den Belag: 150 g Zucker • 125 g Butter • 200 g gehobelte Haselnusskerne
Für den Knetteig: 375 g Weizenmehl • 2 TL Dr. Oetker Backin • 150 g Zucker • 1 Pck. Dr. Oetker Vanillin-Zucker • 2 Eier (Größe M) • 200 g Butter
Zum Bestreichen: 3–4 EL Aprikosenkonfitüre

Zubereitungszeit: 15 Minuten • Backzeit: 20–25 Minuten
Insgesamt: E: 76 g, F: 417 g, Kh: 671 g, kJ: 28349, kcal: 6776, BE: 56,0

1 Für den Belag Zucker mit Butter in einen Topf geben und unter Rühren aufkochen. Die Haselnusskerne unterrühren. Den Topf von der Kochstelle nehmen.

2 Den Backofen vorheizen.
Ober-/Unterhitze: etwa 200 °C
Heißluft: etwa 180 °C

3 Für den Teig Mehl mit Backpulver in einer Rührschüssel mischen. Restliche Teigzutaten hinzugeben und mit Handrührgerät mit Knethaken zunächst kurz auf niedrigster, dann auf höchster Stufe gut durcharbeiten.

4 Anschließend den Teig auf der bemehlten Arbeitsfläche zu einem glatten Teig verkneten. Den Teig auf einem Backblech (30 x 40 cm, gefettet) ausrollen. Das Backblech auf mittlerer Einschubleiste in den vorgeheizten Backofen schieben. Den Kuchen **etwa 10 Minuten vorbacken.**

5 Den vorgebackenen Boden zuerst mit der Aprikosenkonfitüre und dann mit der Haselnussmasse bestreichen. Das Backblech wieder in den Backofen schieben und den Kuchen bei der oben angegebenen Backofeneinstellung **weitere 10–15 Minuten backen.**

6 Das Backblech auf einen Kuchenrost stellen. Kuchen erkalten lassen.

Für einen Mandelkuchen (pro Kuchen: etwa 4,70 €) den Teig wie im Rezept beschrieben zubereiten und auf dem gefetteten Backblech ausrollen. Den Teig statt mit Aprikosenkonfitüre mit Beerenkonfitüre bestreichen. Den Belag bereiten Sie statt mit Haselnüssen mit gehobelten Mandeln zu.

Der Kuchen hält sich in Alufolie verpackt oder in einer gut schließenden Dose 3–4 Tage.

Pro Kuchen etwa 4,70 €

Klassisch und beliebt

Wiener Apfelstrudel

Für den Strudelteig: 200 g Weizenmehl • 1 Prise Salz • 75 ml lauwarmes Wasser • 50 g zerlassene Butter oder Margarine oder 3 EL Speiseöl, z. B. Sonnenblumenöl
Für die Füllung: 1–1½ kg Äpfel, z. B. Cox Orange, Elstar • 75 g Butter oder Margarine • 50 g Semmelbrösel • 50 g Rosinen • 100 g Zucker • 1 Pck. Dr. Oetker Vanillin-Zucker • 50 g gehackte Mandeln

1 Für den Teig Mehl in eine Rührschüssel geben. Übrige Teigzutaten hinzufügen, mit Handrührgerät mit Knethaken erst kurz auf niedrigster, dann auf höchster Stufe zu einem glatten Teig verarbeiten. In einem kleinen Topf Wasser kochen, das Wasser ausgießen und den Topf abtrocknen. Den Teig auf Backpapier in den heißen Topf legen, zugedeckt 30 Minuten ruhen lassen.

2 Den Backofen vorheizen.
Ober-/Unterhitze: etwa 180 °C
Heißluft: etwa 160 °C

3 Für die Füllung Äpfel schälen, vierteln, entkernen und in feine Stifte schneiden. Butter oder Margarine zerlassen. Den Teig halbieren und jede Teighälfte auf einem großen bemehlten Geschirrtuch ausrollen.

4 Die Teige dünn mit etwas von dem Fett bestreichen, dann mit den Händen zu je einem Rechteck (etwa 35 x 25 cm) ausziehen. Die Ränder, wenn sie dicker sind, abschneiden. Zwei Drittel des Fettes auf den Teigplatten verstreichen, Brösel daraufstreuen (an den Rändern etwa 2 cm frei lassen).

5 Nacheinander Apfelstifte, Rosinen, Zucker, Vanillin-Zucker und Mandeln darauf verteilen. Die frei gelassenen Teigränder der kurzen Seiten auf die Füllung klappen. Die Teigplatten mithilfe des Tuches von der längeren Seite her aufrollen und an den Enden gut zusammendrücken.

6 Die Strudel mit der Naht nach unten auf ein Backblech (30 x 40 cm, gefettet) legen. Das Backblech im unteren Drittel in den vorgeheizten Backofen schieben. Die Strudel **etwa 50 Minuten backen.**

7 Nach etwa 30 Minuten Backzeit die Strudel mit dem übrigen Fett bestreichen. Nach dem Backen die Strudel auf dem Backblech auf einem Kuchenrost erkalten lassen oder warm servieren.

Zubereitungszeit: 50 Minuten, ohne Ruhezeit • Backzeit: etwa 50 Minuten
Insgesamt: E: 41 g, F: 147 g, Kh: 452 g, kJ: 13900, kcal: 3326, BE: 37,5

Dazu schmeckt Vanillesauce, die Sie mit etwas Zimt abschmecken können (Zusatzkosten für etwa 500 ml (½ l): etwa 0,60 €).

Schnell zubereitet

Russisch-Brot-Torte

Zum Vorbereiten: 1 Glas Sauerkirschen (Abtropfgewicht 370 g) • 100 g Russisch Brot (Gebäck in Buchstabenform)
Für den Rührteig: 200 g weiche Butter oder Margarine • 170 g Zucker • 4 Eier (Größe M) • 220 g Weizenmehl • 3 gestr. TL Dr. Oetker Backin
Für den Guss: 1 Pck. ungezuckerter Tortenguss, klar • 250 ml (¼ l) Kirschsaft aus dem Glas • 20 g Zucker
Zum Garnieren: 200 g Schlagsahne • 1 EL gesiebter Puderzucker • 12 Buchstaben vom Russisch Brot

Zubereitungszeit: 30 Minuten, ohne Kühlzeit • Backzeit: etwa 40 Minuten
Insgesamt: E: 69 g, F: 264 g, Kh: 558 g, kJ: 20658, kcal: 4937, BE: 46,5

1 Zum Vorbereiten Sauerkirschen in einem Sieb abtropfen lassen, dabei den Saft für den Guss auffangen und 250 ml (¼ l) davon abmessen. Vom Russisch Brot 12 ganze Buchstaben zum Garnieren beiseitelegen. Restliche Buchstaben in einen Gefrierbeutel geben und den Beutel verschließen. Russisch Brot mit einer Teigrolle fein zerbröseln.

2 Den Backofen vorheizen.
Ober-/Unterhitze: etwa 180 °C
Heißluft: etwa 160 °C

3 Für den Teig Butter oder Margarine mit Handrührgerät mit Rührbesen auf höchster Stufe geschmeidig rühren. Zucker nach und nach unterrühren, so lange rühren, bis eine gebundene Masse entstanden ist. Eier nach und nach unterrühren (jedes Ei etwa ½ Minute).

4 Mehl mit Backpulver mischen, in 2 Portionen kurz auf mittlerer Stufe unterrühren. Russisch-Brot-Brösel unterrühren. Kirschen unterheben.

5 Den Teig in eine Springform (Ø 26 cm, gefettet) füllen und glatt streichen. Die Form auf dem Rost im unteren Drittel in den vorgeheizten Backofen schieben. Die Torte **etwa 40 Minuten backen.**

6 Die Form auf einen Kuchenrost stellen und etwa 10 Minuten abkühlen lassen. Dann den Rand der Springform lösen und entfernen. Die Torte erkalten lassen, dann vom Springformboden lösen und auf eine Platte legen.

7 Für den Guss aus Tortengusspulver, abgemessenem Saft und Zucker nach Packungsanleitung einen Guss zubereiten. Den Guss spiralförmig auf der Torte verteilen. Die Torte etwa 1 Stunde in den Kühlschrank stellen.

8 Zum Garnieren die Sahne mit Puderzucker steif schlagen, in einen Spritzbeutel mit Lochtülle (Ø etwa 10 mm) füllen. 12 gleich große Tupfen, für jedes Tortenstück einen, am Rand der Tortenoberfläche aufspritzen. Jeweils einen Russisch-Brot-Buchstaben daransetzen.

Beliebt – gut vorzubereiten

Tränchentorte

Für den Knetteig: 150 g Weizenmehl • 1 gestr. TL Dr. Oetker Backin • 75 g Zucker • 1 Pck. Dr. Oetker Vanillin-Zucker • 1 Ei (Größe M) • 50 g Butter
Für den Belag: 1 Dose Mandarinen (Abtropfgewicht 175 g) • 500 g Magerquark • 150 g Zucker • 3 Eigelb (Größe M) • 1 Pck. Dr. Oetker Pudding-Pulver Vanille-Geschmack • 100 ml Speiseöl, z. B. Sonnenblumenöl • 3 TL Zitronensaft • 250 ml (¼ l) Milch
Für die Baisermasse: 3 Eiweiß (Größe M) • 100 g Zucker

Zubereitungszeit: 50 Minuten, ohne Kühlzeit • Backzeit: etwa 70 Minuten
Insgesamt: E: 120 g, F: 181 g, Kh: 540 g, kJ: 17964, kcal: 4291, BE: 45,0

1 Für den Teig Mehl mit Backpulver in einer Rührschüssel mischen. Restliche Teigzutaten hinzufügen, mit Handrührgerät mit Knethaken zunächst kurz auf niedrigster, dann auf höchster Stufe gut durcharbeiten. Dann den Teig auf der leicht bemehlten Arbeitsfläche kurz verkneten. Sollte er kleben, ihn in Frischhaltefolie gewickelt eine Zeit lang in den Kühlschrank stellen.

2 Zwei Drittel des Teiges auf dem Boden einer Springform (Ø 26 cm, gefettet) ausrollen und mehrmals mit einer Gabel einstechen. Den Springformrand um den Boden legen. Den Rest des Teiges zu einer Rolle formen, sie als Rand auf den Boden legen und so an die Form drücken, dass ein etwa 3 cm hoher Rand entsteht.

3 Den Backofen vorheizen.
Ober-/Unterhitze: etwa 180 °C
Heißluft: etwa 160 °C

4 Für den Belag Mandarinen in einem Sieb gut abtropfen lassen. Quark, Zucker, Eigelb, Pudding-Pulver, Öl, Zitronensaft und Milch verrühren. Die abgetropften Mandarinen unter die Quarkmasse heben, in die Springform füllen und glatt streichen. Die Form auf dem Rost im unteren Drittel in den vorgeheizten Backofen schieben. Die Torte **etwa 60 Minuten backen.**

5 Für die Baisermasse Eiweiß mit Handrührgerät mit Rührbesen auf höchster Stufe steif schlagen. Der Schnee muss so fest sein, dass ein Messerschnitt sichtbar bleibt, nach und nach Zucker unterschlagen.

6 Die Torte nach Beendigung der Backzeit aus dem Backofen nehmen, die Baisermasse darauf verstreichen. Die Torte auf mittlerer Einschubhöhe bei gleicher Backofeneinstellung noch **etwa 10 Minuten backen,** bis die Baisermasse Farbe angenommen hat.

7 Die Torte etwa 10 Minuten auf einem Kuchenrost abkühlen lassen, dann aus der Form lösen und auf dem Kuchenrost erkalten lassen. Die „Tränchen“ bilden sich erst, wenn die Torte richtig ausgekühlt ist.

Gelingt leicht

Apfeltorte mit Zwiebackhaube

Für die Füllung: 1 kg Äpfel • 125 ml (1/8 l) Wasser • 2 EL Zitronensaft
Für die Zwiebackhaube: 125 g Butter • 5 Zwiebäcke (60 g) • 75 g Zucker • 1 Pck. Dr. Oetker Vanillin-Zucker
Für den Rührteig: 200 g Weizenmehl • 1 ½ gestr. TL Dr. Oetker Backin • 125 g weiche Butter • 100 g Zucker • 1 Pck. Vanillin-Zucker • 1 Prise Salz • 2 Eier (Größe M)
Zum Bestäuben: 1–2 TL Puderzucker

Zubereitungszeit: 45 Minuten • Backzeit: etwa 50 Minuten
Insgesamt: E: 42 g, F: 230 g, Kh: 479 g, kJ: 17529, kcal: 4191, BE: 40,0

1 Für die Füllung Äpfel schälen, vierteln, entkernen und längs halbieren. Apfelachtel mit Wasser und Zitronensaft zugedeckt kurz aufkochen, dann 5–8 Minuten bei schwacher Hitze dünsten, abkühlen lassen.

2 Für die Zwiebackhaube die Butter in einem Topf zerlassen, dann abkühlen lassen. Die Zwiebäcke in Stücke brechen und in einen Gefrierbeutel füllen. Den Beutel verschließen. Die Zwiebackstücke mit der Teigrolle fein zerbröseln. Zwiebackbrösel mit Zucker, Vanillin-Zucker und Butter mischen.

3 Den Backofen vorheizen.
Ober-/Unterhitze: etwa 180 °C
Heißluft: etwa 160 °C

4 Für den Teig Mehl mit Backpulver in einer Schüssel vermischen. Butter mit Handrührgerät mit Rührbesen auf höchster Stufe geschmeidig rühren. Nach und nach Zucker, Vanillin-Zucker und Salz unterrühren. So lange rühren, bis eine gebundene Masse entstanden ist.

5 Die Eier nach und nach unterrühren (jedes Ei etwa ½ Minute). Mehlgemisch in 2 Portionen auf mittlerer Stufe unterrühren. Den Teig in eine Springform (Ø 26 cm, Boden gefettet) füllen und glatt streichen. Die Apfelachtel darauf verteilen, die Zwiebackmasse kleckseweise daraufgeben.

6 Die Form auf dem Rost auf mittlerer Einschubleiste in den vorgeheizten Backofen schieben. Den Kuchen **etwa 50 Minuten backen.**

7 Die Form auf einen Kuchenrost stellen. Nach etwa 10 Minuten den Springformrand lösen und entfernen. Kuchen erkalten lassen.

8 Die Apfeltorte vor dem Servieren mit Puderzucker bestäuben.

Wenn die Äpfel etwas fester bleiben sollen, die Äpfel nicht dünsten, sondern nur mit Zitronensaft beträufeln. Sie können zusätzlich 2–3 Esslöffel abgezogene, gemahlene Mandeln unter die Zwiebackbrösel mischen (Zusatzkosten: etwa 0,45 €).

Beliebter Klassiker – zum Vorbereiten

Zitronen-Quark-Sahne-Torte

Für den Rührteig: 150 g weiche Butter oder Margarine • 150 g Zucker • 1 Prise Salz • 3 Eier (Größe M) • 125 g Weizenmehl • 25 g Speisestärke • 1 gestr. TL Dr. Oetker Backin
Für die Füllung: 10 Blatt weiße Gelatine • 400 g gekühlte Schlagsahne • 1 Pck. Dr. Oetker Finesse Geriebene Zitronenschale • 100 ml Zitronensaft • 150 g Zucker • 500 g Magerquark • 250 g Speisequark (40 % Fett i. Tr.)
Zum Bestäuben: 1–2 TL Puderzucker

Zubereitungszeit: 35 Minuten, ohne Kühlzeit • Backzeit: etwa 25 Minuten
Insgesamt: E: 144 g, F: 304 g, Kh: 480 g, kJ: 22368, kcal: 5344, BE: 40,0

1 Den Backofen vorheizen.
Ober-/Unterhitze: etwa 180 °C
Heißluft: etwa 160 °C

2 Für den Teig Butter oder Margarine in einer Rührschüssel mit Handrührgerät mit Rührbesen auf höchster Stufe geschmeidig rühren. Nach und nach Zucker und Salz unterrühren. So lange rühren, bis eine gebundene Masse entstanden ist. Eier nach und nach unterrühren (jedes Ei etwa ½ Minute).

3 Mehl mit Speisestärke und Backpulver mischen, in 2 Portionen kurz auf mittlerer Stufe unterrühren. Den Teig in eine Springform (Ø 26 cm, Boden gefettet) füllen und glatt streichen.

4 Die Form auf dem Rost auf mittlerer Einschubleiste in den vorgeheizten Backofen schieben. Den Tortenboden **etwa 25 Minuten backen.**

5 Den Boden aus der Form lösen und auf einem Kuchenrost erkalten lassen, anschließend einmal waagerecht durchschneiden. Den unteren Boden auf eine Tortenplatte legen. Den gesäuberten Springformrand darumstellen.

6 Für die Füllung Gelatine nach Packungsanleitung einweichen. Inzwischen Sahne steif schlagen. Zitronenschale mit Zitronensaft, Zucker und Quark gut verrühren. Die Gelatine leicht ausdrücken und in einem kleinen Topf bei schwacher Hitze unter Rühren auflösen.

7 Gelatine zunächst mit etwa 4 Esslöffeln von der Quarkmasse verrühren, dann unter die übrige Quarkmasse rühren. Sahne sofort unter die Quarkmasse heben, auf den Tortenboden geben und glatt streichen.

8 Den oberen Tortenboden in 16 Stücke schneiden, auf die Füllung legen und die Torte mindestens 3 Stunden in den Kühlschrank stellen.

9 Vor dem Servieren den Springformrand lösen und entfernen. Die Torte mit Puderzucker bestäuben.

Die Torte schmeckt fruchtiger, wenn Sie 1 Dose Mandarinen (Abtropfgewicht 175 g, Zusatzkosten: etwa 0,45 €) in einem Sieb gut abtropfen lassen und unter die Quarksahne heben.

Für Erdbeerliebhaber

Erdbeer-Schmand-Torte

Für den All-in-Teig: 170 g Weizenmehl • 2 gestr. TL Dr. Oetker Backin • 80 g Zucker • 1 Pck. Dr. Oetker Vanillin-Zucker • 2 Eier (Größe M) • 80 g zerlassene, abgekühlte Butter oder Margarine • 100 ml Buttermilch
Für den Belag: 500 g Schmand (Sauerrahm, 24 % Fett) • 1 Pck. Vanillin-Zucker • 30 g Zucker • 500 g Erdbeeren
Für den Guss: 1 Pck. ungezuckerter Tortenguss, klar • 250 ml (¼ l) Orangensaft

Zubereitungszeit: 50 Minuten, ohne Abkühlzeit • Backzeit: etwa 25 Minuten
Insgesamt: E: 48 g, F: 204 g, Kh: 324 g, kJ: 14352, kcal: 3432, BE: 30,0

1 Den Backofen vorheizen.
Ober-/Unterhitze: etwa 180 °C
Heißluft: etwa 160 °C

2 Für den All-in-Teig Mehl mit Backpulver in einer Rührschüssel mischen, restliche Teigzutaten hinzufügen und mit Handrührgerät mit Rührbesen auf höchster Stufe in 1 Minute zu einem glatten Teig verarbeiten. Den Teig in eine Springform (Ø 26 cm, Boden gefettet) füllen.

3 Die Form auf dem Rost im unteren Drittel in den vorgeheizten Backofen schieben. Den Tortenboden **etwa 25 Minuten backen.**

4 Die Form auf einen Kuchenrost setzen. Den Tortenboden etwa 10 Minuten abkühlen lassen, dann aus der Form lösen und auf eine Tortenplatte legen. Den Springformrand säubern und um den Tortenboden stellen.

5 Für den Belag Schmand mit Vanillin-Zucker und Zucker in einer Schüssel verrühren. Die Schmandmasse sofort auf dem noch warmen Tortenboden verteilen und glatt streichen. Die Torte vollständig erkalten lassen.

6 Erdbeeren kurz abspülen, putzen, trocken tupfen und halbieren. Die Erdbeeren dachziegelartig von außen nach innen auf die Schmandmasse legen.

7 Aus Tortenguss und Saft nach Packungsanleitung einen Guss zubereiten. Den Guss mit einem Esslöffel von der Mitte aus zügig über die Erdbeeren geben. Die Torte mindestens 1 Stunde in den Kühlschrank stellen. Vor dem Servieren Springformrand lösen und entfernen.

Pro Torte etwa
4,50 €

Erfrischend fruchtig

Apfel-Frischkäse-Torte

Für den All-in-Teig: 100 g gehobelte Mandeln • 125 g Butter oder Margarine • 100 g Weizenmehl • 25 g Speisestärke • 3 gestr. TL Dr. Oetker Backin • 125 g Zucker • 1 Pck. Dr. Oetker Vanillin-Zucker • 1 Prise Salz • 3 Eier (Größe M)
Für den Belag: 6 Blatt weiße Gelatine • 250 g Schlagsahne • 400 g Doppelrahm-Frischkäse • 75 g Zucker • 2 EL Zitronensaft • 1 Glas Apfelkompott (Einwaage 360 g)
Zum Garnieren: 1 Apfel mit roter Schale • 1 EL Zitronensaft

Zubereitungszeit: 40 Minuten, ohne Kühlzeit • Backzeit: 25–30 Minuten
Insgesamt: E: 111 g, F: 384 g, Kh: 402 g, kJ: 23038, kcal: 5506, BE: 33,5

1 Für den Teig Mandeln in einer Pfanne ohne Fett bei schwacher Hitze leicht bräunen, dann auf einem Teller erkalten lassen. Butter oder Margarine in einem kleinen Topf bei schwacher Hitze zerlassen, abkühlen lassen.

2 Den Backofen vorheizen.
Ober-/Unterhitze: etwa 180 °C
Heißluft: etwa 160 °C

3 Mehl, Stärke und Backpulver in einer Rührschüssel mischen. Zucker, Vanillin-Zucker, Salz, Eier und Butter oder Margarine hinzufügen, mit Handrührgerät mit Rührbesen auf höchster Stufe 1 Minute zu einem glatten Teig verarbeiten. Zum Schluss 75 g der Mandeln kurz unterrühren.

4 Den Teig in eine Springform (Ø 26 cm, mit Backpapier belegt) geben und glatt streichen. Die Form auf dem Rost auf mittlerer Einschubleiste in den vorgeheizten Backofen schieben. Den Boden **25–30 Minuten backen.**

5 Die Form etwa 10 Minuten auf einem Kuchenrost abkühlen lassen. Den Kuchen mit einem Messer aus der Form lösen und auf einen mit Backpapier belegten Kuchenrost legen. Tortenboden etwa 1 Stunde erkalten lassen.

6 Für den Belag Gelatine nach Packungsanleitung einweichen. Sahne steif schlagen. Frischkäse mit Zucker und Zitronensaft mit Handrührgerät mit Rührbesen gut verrühren. Apfelkompott unterrühren.

7 Die Gelatine leicht ausdrücken und in einem kleinen Topf bei schwacher Hitze unter Rühren auflösen. 4 Esslöffel der Apfel-Frischkäse-Masse in den Topf geben und unterrühren. Gelatinemasse sofort mit der restlichen Apfel-Frischkäse-Masse verrühren. Sahne kurz unterrühren.

8 Den Boden auf eine Tortenplatte legen und mitgebackenes Backpapier entfernen. Gesäuberten Springformrand darumstellen. Die Creme einfüllen und glatt streichen. Die Torte etwa 2 Stunden in den Kühlschrank stellen. Dann Springformrand lösen und entfernen.

9 Zum Garnieren Apfel waschen, vierteln, entkernen und die Viertel quer in dünne Scheiben schneiden. Apfelscheiben mit Zitronensaft bestreichen, auf die Torte legen und mit den restlichen Mandeln bestreuen.

Wenn Sie den Frischkäse durch Speisequark (20 % Fett i. Tr.) ersetzen, sparen Sie etwa 0,65 €.

Raffiniert

Mitropa-Torte

Für den Biskuitteig: 2 Eier (Größe M) • 1 Eigelb (Größe M) • 75 g Zucker • 1 Pck. Dr. Oetker Vanillin-Zucker • 75 g Weizenmehl • 25 g Speisestärke • 1 gestr. TL Dr. Oetker Backin
Zum Bestreichen: 100 g rotes Johannisbeergelee
Für die Füllung: 250 g Schlagsahne • 4 Blatt rote Gelatine • 150 ml Johannisbeernektar • 250 g Magerquark
Zum Aprikotieren: 5 EL Aprikosenkonfitüre

Zubereitungszeit: 40 Minuten, ohne Abkühl- und Kühlzeit • Backzeit: 8–10 Minuten
Insgesamt: E: 70 g, F: 99 g, Kh: 379 g, kJ: 11378, kcal: 2720, BE: 31,5

1 Den Backofen vorheizen.
Ober-/Unterhitze: etwa 200 °C
Heißluft: etwa 180 °C

2 Für den Teig Eier und Eigelb mit Handrührgerät mit Rührbesen auf höchster Stufe in 1 Minute schaumig schlagen. Zucker mit Vanillin-Zucker mischen, in 1 Minute einstreuen, dann noch etwa 2 Minuten weiterschlagen.

3 Mehl, Speisestärke und Backpulver mischen, auf die Eiercreme geben und kurz auf niedrigster Stufe unterrühren. Den Teig auf ein Backblech (30 x 40 cm, gefettet, mit Backpapier belegt) geben und verstreichen. Das Backblech sofort auf mittlerer Einschubleiste in den vorgeheizten Backofen schieben und den Biskuit **8–10 Minuten backen.**

4 Die Biskuitplatte sofort auf ein mit Zucker bestreutes Stück Backpapier stürzen und das mitgebackene Backpapier abziehen. An einer der langen Seiten einen 10 cm breiten Streifen abschneiden und beiseitelegen. Gelee verrühren und die Biskuitplatte sofort damit bestreichen. Biskuitplatte von der langen Seite her aufrollen und erkalten lassen.

5 Biskuitrolle in etwa 1 cm dicke Scheiben schneiden und eine Schüssel (etwa 2-Liter-Inhalt, mit Frischhaltefolie ausgelegt) damit auslegen.

6 Für die Füllung Sahne steif schlagen. Gelatine nach Packungsanleitung einweichen. Gelatine leicht ausdrücken und in einem kleinen Topf bei schwacher Hitze unter Rühren auflösen. Aufgelöste Gelatine zunächst mit etwas von dem Saft verrühren, dann die Mischung unter den restlichen Saft rühren. Sobald die Masse beginnt dicklich zu werden, Quark und steif geschlagene Sahne unterheben.

Pro Torte etwa 3,45 €

7 Die Masse in die Schüssel auf die Biskuitscheiben geben, glatt streichen und mit dem beiseitegelegten, zurecht geschnittenen Biskuitstreifen belegen. Torte etwa 3 Stunden in den Kühlschrank stellen.

8 Die Torte auf eine Tortenplatte stürzen und die Frischhaltefolie entfernen. Aprikosenkonfitüre durch ein Sieb streichen, in einem kleinen Topf unter Rühren aufkochen lassen. Die Torte damit bestreichen.

Die Torte kann bis Punkt 7 am Vortag zubereitet werden. Am Serviertag die Torte stürzen und aprikotieren.

Etwas aufwendiger

Schwimmbadtorte

Für den Biskuitteig: 2 Eier (Größe M) • 2 EL heißes Wasser • 80 g Zucker • 1 Pck. Dr. Oetker Vanillin-Zucker • 80 g Weizenmehl • ½ gestr. TL Dr. Oetker Backin
Für den Rührteig: 50 g weiche Butter • 50 g Zucker • 1 Pck. Vanillin-Zucker • 2 Eigelb (Größe M) • 70 g Weizenmehl
Für den Belag: 2 Eiweiß (Größe M) • 100 g Zucker • 50 g gehackte Mandeln
Für die Füllung: 1 Dose Ananasstücke (Abtropfgewicht 255 g) • 1 Pck. Dr. Oetker Pudding-Pulver Vanille-Geschmack • 400 ml Ananassaft aus der Dose, mit Apfelsaft ergänzt • 400 g Schlagsahne • 1 Pck. Dr. Oetker Sahnesteif • 1 TL Zucker

Zubereitungszeit: 45 Minuten, ohne Kühlzeit • Backzeit: 60–65 Minuten
Insgesamt: E: 64 g, F: 225 g, Kh: 513 g, kJ: 18242, kcal: 4357, BE: 43,0

1 Den Backofen vorheizen.
Ober-/Unterhitze: etwa 180 °C
Heißluft: etwa 160 °C

2 Für den Biskuitteig Eier und Wasser mit Handrührgerät mit Rührbesen auf höchster Stufe in 1 Minute schaumig schlagen. Zucker mit Vanillin-Zucker mischen, in 1 Minute einstreuen, dann noch etwa 2 Minuten weiterschlagen.

3 Mehl mit Backpulver mischen, auf die Eiercreme geben und auf niedrigster Stufe kurz unterrühren. Den Teig in eine Springform (Ø 26 cm, Boden gefettet, mit Backpapier belegt) füllen und glatt streichen. Die Form sofort auf dem Rost auf mittlerer Einschubleiste in den vorgeheizten Backofen schieben und den Boden **25–30 Minuten backen.**

4 Den Boden aus der Form lösen, auf einen mit Backpapier belegten Kuchenrost stürzen und erkalten lassen. Mitgebackenes Backpapier abziehen.

5 Für den Rührteig Butter mit Handrührgerät mit Rührbesen auf höchster Stufe geschmeidig rühren. Zucker und Vanillin-Zucker unterrühren. So lange rühren, bis eine gebundene Masse entstanden ist. Eigelb nach und nach unterrühren. Mehl mit Backpulver auf mittlerer Stufe kurz unterrühren. Den Teig in einer Springform (Ø 26 cm, Boden gefettet) verstreichen.

6 Für den Belag Eiweiß steif schlagen. Zucker nach und nach unterschlagen. Die Masse auf dem Rührteigboden verstreichen und mit Mandeln bestreuen. Die Form auf dem Rost auf mittlerer Einschubleiste in den vorgeheizten Backofen schieben. Den Boden bei gleicher Backofeneinstellung **etwa 35 Minuten backen.**

7 Den Boden aus der Form lösen, sofort in 16 Stücke schneiden und auf einem mit Backpapier belegten Kuchenrost erkalten lassen.

8 Für die Füllung Ananas in einem Sieb abtropfen lassen. Dabei den Saft auffangen und mit Apfelsaft auf 400 ml ergänzen. Aus Pudding-Pulver und Saft nach Packungsanleitung, aber mit den hier angegebenen Zutaten einen Pudding kochen. Ananasstücke unterheben. Die Puddingmasse auf den Biskuitboden streichen und erkalten lassen.

9 Sahne mit Sahnesteif und Zucker steif schlagen. Die Sahne auf die erkaltete Puddingmasse streichen und mit dem geschnittenen Rührteigboden bedecken. Torte bis zum Servieren in den Kühlschrank stellen.

Wenn Sie 2 Springformen (Ø 26 cm) haben, dann können Sie die beiden Böden bei Heißluft zusammen in den Backofen schieben.

Bei Kindern beliebt

Joghurt-Erdbeer-Torte

Für den Teig: 150 g Joghurt • 2 Eier (Größe M) • 150 ml Speiseöl, z. B. Sonnenblumenöl • 2 EL Zitronensaft • 150 g Zucker • 2 Pck. Dr. Oetker Vanillin-Zucker • 200 g Weizenmehl • 3 gestr. TL Dr. Oetker Backin

Für den Belag: 400 g Schlagsahne • 2–3 Pck. Dr. Oetker Sahnesteif • 300 g Erdbeer-Sahne-Joghurt • 200 g Erdbeeren

1 Den Backofen vorheizen.
Ober-/Unterhitze: etwa 180 °C
Heißluft: etwa 160 °C

2 Für den Teig Joghurt, Eier, Öl, Zitronensaft, Zucker und Vanillin-Zucker in eine Rührschüssel geben und mit Handrührgerät mit Rührbesen gut verrühren. Mehl mit Backpulver vermischen und kurz unterrühren.

3 Den Teig in eine Springform (Ø 26 cm, Boden gefettet) füllen und glatt streichen. Die Springform auf dem Rost im unteren Drittel in den vorgeheizten Backofen schieben. Den Tortenboden **etwa 30 Minuten backen.**

4 Nach dem Backen den Springformrand lösen und entfernen. Den Tortenboden mit dem Springformboden auf einen Kuchenrost stellen. Den Tortenboden erkalten lassen.

5 Dann den Tortenboden vom Springformboden lösen und auf eine Tortenplatte legen.

6 Für den Belag Sahne mit Sahnesteif steif schlagen. Joghurt unterheben. Creme in einen großen Gefrierbeutel füllen, eine größere Spitze abschneiden und große Tuffs auf den Tortenboden spritzen.

7 Die Erdbeeren kurz abspülen, putzen, trocken tupfen und vierteln. Die Torte mit den Erdbeervierteln garnieren und bis zum Servieren im Kühlschrank kalt stellen.

Der Tortenboden kann bereits am Vortag gebacken werden.

Zubereitungszeit: 15 Minuten, ohne Abkühlzeit • Backzeit: etwa 30 Minuten
Insgesamt: E: 56 g, F: 322 g, Kh: 397 g, kJ: 19939, kcal: 4764, BE: 33,5

Pro Torte etwa 4,10 €

Fruchtig

Orangentorte

Für den All-in-Teig: 275 g Weizenmehl • 3 gestr. TL Dr. Oetker Backin • 150 g Zucker • 1 Pck. Dr. Oetker Vanillin-Zucker • 150 g weiche Butter oder Margarine • 4 Eier (Größe M) • 125 ml (1/8 l) Orangensaft

Für die Orangencreme: 4 Blatt weiße Gelatine • 750 ml (3/4 l) Orangensaft • 40–50 g Zucker • 2 Pck. Dr. Oetker Pudding-Pulver Vanille-Geschmack • 150 g saure Sahne

Zum Bestäuben und Verzieren: 70 g gesiebter Puderzucker • 1–2 TL Orangen- oder Zitronensaft • 100 g Schlagsahne

Zubereitungszeit: 40 Minuten, ohne Abkühl- und Kühlzeit • Backzeit: etwa 20 Minuten
Insgesamt: E: 75 g, F: 200 g, Kh: 688 g, kJ: 20470, kcal: 4891, BE: 57,5

1 Den Backofen vorheizen.
Ober-/Unterhitze: etwa 200 °C
Heißluft: etwa 180 °C

2 Für den Teig Mehl mit Backpulver in einer Rührschüssel mischen. Restliche Teigzutaten hinzugeben und alles mit Handrührgerät mit Rührbesen erst kurz auf niedrigster, dann auf höchster Stufe in etwa 2 Minuten zu einem glatten Teig verarbeiten.

3 Den Teig auf ein Backblech (30 x 40 cm, gefettet, mit Backpapier belegt) geben und verstreichen. Das Backblech auf mittlerer Einschubleiste in den vorgeheizten Backofen schieben. Den Boden **etwa 20 Minuten backen.**

4 Den Boden auf dem Backblech auf einem Kuchenrost erkalten lassen.

5 Für die Orangencreme Gelatine nach Packungsanleitung einweichen. Aus Saft, Zucker und Pudding-Pulver nach Packungsanleitung einen Pudding kochen. Den Topf von der Kochstelle nehmen. Gelatine leicht ausdrücken, in dem heißen Pudding unter Rühren auflösen und saure Sahne unterrühren. Creme erkalten lassen, dabei gelegentlich umrühren.

6 Tortenboden vom Rand lösen, auf eine mit Backpapier belegte Arbeitsplatte stürzen und mitgebackenes Backpapier abziehen. Von der längeren Seite der Platte einen 5 cm breiten und 40 cm langen Streifen abschneiden und beiseitelegen. Restliche Platte so halbieren, dass 2 Rechtecke (etwa 20 x 25 cm) entstehen.

7 Einen Boden auf eine Tortenplatte legen. Die Hälfte der Creme daraufstreichen, zweiten Boden darauflegen. Restliche Creme darauf verstreichen. Torte etwa 2 Stunden in den Kühlschrank stellen.

8 Aus dem beiseitegelegten Gebäckstreifen mit einem Glas oder einer Ausstechform Kreise (Ø etwa 5 cm) ausstechen, diese halbieren. Puderzucker und Saft zu einem Guss verrühren, in einen kleinen Gefrierbeutel füllen und eine kleine Ecke abschneiden. Die Halbkreise mit Guss verzieren, sodass sie wie Orangenscheiben aussehen.

9 Sahne steif schlagen, in einen Spritzbeutel mit Lochtülle füllen und so viele Tuffs auf die Tortenoberfläche spritzen, wie garnierte „Orangenscheiben" vorhanden sind. Die „Orangenscheiben" auf die Sahnetupfen legen.

Schnell

Sauerkirsch-Frischkäse-Torte

Für den Boden: 150 g Löffelbiskuits • 125 g Butter
Für die Füllung: 1 Glas Sauerkirschen (Abtropfgewicht 350 g) • 3 Blatt weiße Gelatine • 200 g Doppelrahm-Frischkäse • 400 g Schlagsahne • 50 g Zucker • 2 EL Zitronensaft
Für den Guss: 250 ml (¼ l) Sauerkirschsaft (aus dem Glas) • 1 Pck. ungezuckerter Tortenguss • 1 EL Zucker

Zubereitungszeit: 35 Minuten, ohne Kühlzeit
Insgesamt: E: 59 g, F: 308 g, Kh: 296 g, kJ: 17748, kcal: 4240, BE: 24,5

1 Für den Boden Löffelbiskuits in einen Gefrierbeutel geben. Beutel verschließen. Die Löffelbiskuits mit einer Teigrolle fein zerbröseln und in eine Rührschüssel geben. Butter zerlassen, zu den Bröseln geben und gut verrühren.

2 Einen Springformrand (Ø 26 cm) auf eine mit Tortenspitze oder Backpapier belegte Tortenplatte stellen. Die Bröselmasse darin gleichmäßig verteilen und mit einem Löffel gut zu einem Boden andrücken. Den Tortenboden in den Kühlschrank stellen.

3 Für die Füllung Kirschen in einem Sieb abtropfen lassen, dabei den Saft auffangen. 250 ml (¼ l) davon abmessen, evtl. mit Wasser auffüllen. Die Kirschen auf dem Bröselboden verteilen.

4 Gelatine in kaltem Wasser nach Packungsanleitung einweichen. Frischkäse mit 100 g Sahne, Zucker und Zitronensaft verrühren. Eingeweichte Gelatine leicht ausdrücken und in einem kleinen Topf unter Rühren bei schwacher Hitze auflösen. Gelatine mit 2–3 Esslöffeln der Frischkäsemasse verrühren, dann unter die restliche Frischkäsemasse rühren. Die Masse in den Kühlschrank stellen.

5 Sobald die Masse anfängt dicklich zu werden, die restliche Sahne steif schlagen und unter die Frischkäsemasse heben. Die Frischkäsecreme auf den Kirschen verstreichen. Die Torte etwa 1 Stunde in den Kühlschrank stellen.

6 Für den Guss aus Sauerkirschsaft, Tortengusspulver und Zucker einen Guss nach Packungsanleitung zubereiten. Dann den Guss auf die Frischkäsecreme geben und mithilfe eines Löffelstiels ein Marmormuster durch den Guss ziehen. Die Torte mindestens 1 Stunde in den Kühlschrank stellen.

Pro Torte etwa 4,40 €

Beliebter Klassiker

Schnelle Frischkäsetorte

Für den Boden: 180 g Löffelbiskuits • 120 g Butter oder Margarine
Für die Füllung: 1 Beutel aus 1 Pck. Götterspeise Zitronen-Geschmack • 200 ml Wasser • 200 g Doppelrahm-Frischkäse • 125 g Zucker • 1 Pck. Dr. Oetker Vanillin-Zucker • 2 EL Zitronensaft • 500 g gekühlte Schlagsahne

1 Für den Boden Löffelbiskuits in einen Gefrierbeutel geben. Den Beutel verschließen. Löffelbiskuits mit einer Teigrolle fein zerbröseln. 30 g der Brösel zum Garnieren beiseitelegen. Butter oder Margarine zerlassen, zu den Biskuitbröseln geben und gut verrühren.

2 Einen Springformrand (Ø 26 cm) auf eine mit Tortenspitze oder Backpapier belegte Tortenplatte stellen. Die Bröselmasse darin gleichmäßig verteilen und mit einem Löffel gut zu einem Boden andrücken. Tortenboden in den Kühlschrank stellen.

3 Für die Füllung die Götterspeise mit 200 ml Wasser, aber ohne Zucker nach Packungsanleitung zubereiten. Die Götterspeise etwa 15 Minuten abkühlen lassen.

4 Frischkäse mit Zucker, Vanillin-Zucker und Zitronensaft mit einem Schneebesen verrühren. Die lauwarme Götterspeise nach und nach unterrühren. Sahne steif schlagen und in 2 Portionen unter die Frischkäsemasse heben. Die Frischkäsecreme auf dem Bröselboden verteilen und wellenartig verstreichen. Die Torte etwa 3 Stunden in den Kühlschrank stellen.

5 Beiseitegelegte Biskuitbrösel dekorativ auf den Rand der Tortenoberfläche streuen. Den Springformrand lösen und entfernen.

Für andere Geschmacksrichtungen können Sie auch Götterspeise Himbeer- oder Waldmeister-Geschmack verwenden.

Zubereitungszeit: 30 Minuten, ohne Abkühl- und Kühlzeit
Insgesamt: E: 72 g, F: 336 g, Kh: 284 g, kJ: 18697, kcal: 4468, BE: 23,5

Pro Torte etwa
3,65 €

Fruchtiger Genuss

Orangen-Butterkeks-Kuchen

Für die Füllung: 8 Blatt weiße Gelatine • 500 g Orangenjoghurt • 30 g Zucker • 250 g Schlagsahne • 3 mittelgroße Orangen
Außerdem: 200 g Butterkekse
Zum Garnieren: 200 g Schlagsahne • 30 g Zartbitter-Schokolade

Zubereitungszeit: 25 Minuten, ohne Kühlzeit
Insgesamt: E: 63 g, F: 212 g, Kh: 289 g, kJ: 13989, kcal: 3345, BE: 24,0

1 Für die Füllung die Gelatine in kaltem Wasser nach Packungsanleitung einweichen. Joghurt und Zucker in einer Schüssel verrühren. Eingeweichte Gelatine leicht ausdrücken und in einem kleinen Topf unter Rühren bei schwacher Hitze auflösen. Zunächst etwa 4 Esslöffel der Joghurtmasse mit der Gelatine verrühren, dann unter die restliche Joghurtmasse rühren. Die Masse in den Kühlschrank stellen.

2 Sahne steif schlagen. Sobald die Joghurtmasse anfängt dicklich zu werden. Sahne unterheben.

3 Orangen so schälen, dass die weiße Haut mit entfernt wird. Die Orangenfilets herausschneiden. Einige Filets zum Garnieren beiseitelegen. Restliche Filets evtl. halbieren und unter die Joghurtcreme heben.

4 Eine Lage Butterkekse in eine Kastenform (25 x 11 cm, mit Backpapier ausgelegt) legen, mit einem Drittel der Joghurtcreme bestreichen und mit Butterkeksen belegen. Restliche Joghurtcreme und Butterkekse auf die gleiche Weise einschichten. Die oberste Schicht sollte aus Butterkeksen bestehen. Die Torte mindestens 2 Stunden in den Kühlschrank stellen.

5 Die Kekstorte auf eine Platte stürzen und das Backpapier entfernen.

6 Sahne steif schlagen. Den Kuchen mit etwa 4 Esslöffeln Sahne einstreichen. Restliche Sahne in einen Spritzbeutel mit Lochtülle (Ø etwa 10 mm) füllen. Sahnetupfen auf die Gebäckoberfläche spritzen.

7 Von der Schokolade mit einem Sparschäler Schokolocken abschaben. Die Torte mit den Schokolocken bestreuen und mit den beiseitegelegten Orangenfilets garnieren.

Pro Kuchen etwa
4,95 €

Raffiniert

Stracciatella-Schoko-Torte

Für den Boden: 150 g Löffelbiskuits • 100 g Butter
Für die Schokocreme: 1 Pck. Saucenpulver Schokoladen-Geschmack, ohne Kochen • 75 ml Milch • 200 g Vanillejoghurt
Für die Stracciatella-Creme: 500 g Schlagsahne • 2 Pck. Dr. Oetker Sahnesteif • 30 g Zucker • 70 g Zartbitter-Raspelschokolade
Zum Bestreuen: 10 g Zartbitter-Raspelschokolade

1 Löffelbiskuits in einen Gefrierbeutel geben. Den Beutel verschließen. Löffelbiskuits mit einer Teigrolle fein zerbröseln. Brösel in eine Rührschüssel geben. Butter zerlassen, zu den Biskuitbröseln geben und gut verrühren.

2 Einen Springformrand (Ø 26 cm) auf eine mit Tortenspitze oder Backpapier belegte Tortenplatte stellen. Die Bröselmasse darin gleichmäßig verteilen und mit einem Löffel gut zu einem Boden andrücken. Den Tortenboden in den Kühlschrank stellen.

3 Für die Schokocreme Saucenpulver nach Packungsanleitung, aber nur mit 75 ml Milch und 200 g Joghurt zubereiten. Die Creme kuppelartig in die Mitte des Bröselbodens streichen, dabei einen etwa 2 cm breiten Rand frei lassen. Den Boden in den Kühlschrank stellen.

4 Für die Stracciatella-Creme Sahne mit Sahnesteif und Zucker steif schlagen. Raspelschokolade unterheben. Die Creme vorsichtig auf der Schokocreme verstreichen. Die Stracciatella-Schoko-Torte etwa 2 Stunden in den Kühlschrank stellen.

5 Zum Servieren den Springformrand lösen und entfernen. Die Torte mit Raspelschokolade bestreuen.

Wenn Sie die Stracciatella-Creme mit Vollmilch-Raspelschokolade zubereiten, dann sparen Sie etwa 0,30 €.

Statt Vanillejoghurt können Sie auch Nussjoghurt verwenden.

Zubereitungszeit: 25 Minuten, ohne Kühlzeit
Insgesamt: E: 48 g, F: 286 g, Kh: 292 g, kJ: 16499, kcal: 3941, BE: 24,5

Pro Torte etwa
4,95 €

Für Gäste – gut vorzubereiten

Schneekönigin-Eistorte

Für den Boden: 175 g Löffelbiskuits • 125 g Butter
Zum Bestreichen: 100 g Zartbitter-Schokolade
Für die Creme: 100 g weiße Schokolade • 800 g Schlagsahne • 75 g Zucker • 1 Pck. Dr. Oetker Vanillin-Zucker • 1 Pck. Dr. Oetker Finesse Geriebene Zitronenschale • 200 g Schaumgebäck (Mini-Meringues/Mini-Baiser, nach Möglichkeit in Tropfenform)

Zubereitungszeit: 45 Minuten, ohne Kühl- und Gefrierzeit
Insgesamt: E: 64 g, F: 435 g, Kh: 513 g, kJ: 26104, kcal: 6240, BE: 43,0

1 Für den Boden Löffelbiskuits in einen Gefrierbeutel geben. Den Beutel verschließen. Löffelbiskuits mit einer Teigrolle fein zerbröseln und in eine Rührschüssel geben. Butter zerlassen, zu den Bröseln geben und gut verrühren.

2 Einen Springformrand (Ø 26 cm) auf eine mit Tortenspitze oder Backpapier belegte Tortenplatte stellen. Die Bröselmasse darin gleichmäßig verteilen und mit einem Löffel gut zu einem Boden andrücken. Tortenboden in den Kühlschrank stellen.

3 Zum Bestreichen Schokolade in Stücke brechen, in einem kleinen Topf im heißen Wasserbad bei schwacher Hitze unter Rühren schmelzen. Die Schokolade etwas abkühlen lassen.

4 Den Tortenboden mit einem Teil der Schokolade bestreichen. Schokolade fest werden lassen. Restliche Schokolade dünn auf ein Stück Backpapier streichen und zum Garnieren beiseitelegen (nicht kalt stellen).

5 Für die Creme weiße Schokolade in Stücke brechen, in einem kleinen Topf im heißen Wasserbad bei schwacher Hitze unter Rühren schmelzen, dann abkühlen lassen. Sahne mit Zucker, Vanillin-Zucker und Zitronenschale steif schlagen. Schaumgebäckstücke (8–10 Stück beiseitelegen) vierteln, mit der geschmolzenen Schokolade unter die Sahne heben. Die Creme auf dem Bröselboden verteilen und mit einem Löffel wellenartig verzieren.

6 Beiseitegelegtes Schaumgebäck dekorativ auf der Torte verteilen. Torte in den Gefrierschrank stellen und mindestens 5 Stunden gefrieren lassen.

7 Die Torte aus dem Gefrierschrank nehmen. Den Springformrand lösen und entfernen.

8 Die beiseitegelegte Schokolade in Locken vom Backpapier schaben. Die Torte damit garnieren.

Lassen Sie die Torte vor dem Servieren etwa 15 Minuten antauen. Aufgetaute Eistorte nicht noch einmal einfrieren.

Einfach

Bunte Puffreistorte

Für den Boden: 100 g weiße Kuvertüre • 80 g bunter Knusper-Puffreis
Für den Belag: 375 ml (3/8 l) Milch • 80 g Zucker • 6 Blatt weiße Gelatine • 1 Pck. Dr. Oetker Pudding-Pulver Vanille-Geschmack • 100 ml Zitronensaft • 200 g Schlagsahne • 250 g Magerquark

1 Für den Boden Kuvertüre grob hacken, in einem kleinen Topf im heißen Wasserbad bei schwacher Hitze unter Rühren schmelzen. Puffreis (3 Esslöffel zum Garnieren beiseitelegen) mit der Kuvertüre gut verrühren.

2 Einen Springformrand (Ø 26 cm) auf eine mit Tortenspitze oder Backpapier belegte Tortenplatte stellen. Die Puffreismasse darin gleichmäßig verteilen, mit einem Löffel zu einem Boden andrücken. Den Boden in den Kühlschrank stellen.

3 Für den Belag die Milch mit Zucker in einem Topf zum Kochen bringen. Gelatine in kaltem Wasser nach Packungsanleitung einweichen. Pudding-Pulver mit Zitronensaft anrühren, in die von der Kochstelle genommene Milch rühren und unter Rühren nochmals aufkochen lassen. Den Topf von der Kochstelle nehmen.

4 Eingeweichte Gelatine leicht ausdrücken und in dem heißen Pudding unter Rühren auflösen. Pudding in eine Schüssel geben und die Oberfläche mit Frischhaltefolie belegen. Pudding erkalten lassen.

5 Sahne steif schlagen. Den erkalteten Pudding nochmals durchrühren. Zuerst Quark, dann Sahne unter den Pudding heben. Die Pudding-Sahne-Creme auf den Puffreisboden geben und glatt streichen. Die Torte 2–3 Stunden in den Kühlschrank stellen.

6 Den Springformrand lösen und entfernen. Die Tortenoberfläche mit dem beiseitegelegten Puffreis garnieren, dafür z. B. mithilfe eines runden Ausstechförmchens Puffreiskreise auf die Torte streuen.

Noch fruchtiger wird die Torte mit 1 Päckchen Dr. Oetker Finesse Geriebene Zitronenschale im Puffreisboden (Zusatzkosten: etwa 0,25 €). Statt der Kreise können Sie auch andere Formen auf die Torte streuen, z. B. ein Gesicht oder Herzen.

Zubereitungszeit: 35 Minuten, ohne Kühl- und Abkühlzeit
Insgesamt: E: 72 g, F: 166 g, Kh: 267 g, kJ: 10158, kcal: 2425, BE: 22,5

Pro Torte etwa
4,05 €

Für Kinder

Sommertorte mit Mandarinen

Zum Vorbereiten: 1 Beutel aus 1 Pck. Dr. Oetker Götterspeise Zitronen-Geschmack • 375 ml (3/8 l) klarer Apfelsaft • 75 g Zucker
Für den Boden: 100 g Butter • 150 g Butterkekse
Für den Belag und zum Garnieren: 2 Dosen Mandarinen (Abtropfgewicht je 175 g) • 1 Beutel aus 1 Pck. Dr. Oetker Götterspeise Zitronen-Geschmack • 150 g Zucker • 400 g gekühlte Schlagsahne • 250 g Magerquark

Zubereitungszeit: 60 Minuten, ohne Kühlzeit
Insgesamt: E: 93 g, F: 244 g, Kh: 471 g, kJ: 18937, kcal: 4525, BE: 39,5

1 Zum Vorbereiten Götterspeise mit Fruchtsaft und Zucker nach Packungsanleitung zubereiten, in eine flache Form (evtl. Auflaufform) geben und im Kühlschrank fest werden lassen.

2 Für den Boden Butter in einem Topf zerlassen. Butterkekse in einen Gefrierbeutel geben. Den Beutel fest verschließen. Die Butterkekse mit einer Teigrolle fein zerbröseln. Die Brösel unter die Butter rühren.

3 Einen Bogen Backpapier auf eine Tortenplatte legen und den geschlossenen Springformrand (Ø 26 cm) daraufstellen. Die Bröselmasse darin mit einem Löffel zu einem Boden andrücken. Den Bröselboden mindestens 20 Minuten in den Kühlschrank stellen.

4 Für den Belag die Mandarinen in einem Sieb abtropfen lassen, dabei den Saft auffangen. Den Saft evtl. mit Wasser auf 350 ml auffüllen. Die Götterspeise mit dem Mandarinensaft-Wasser-Gemisch und Zucker nach Packungsanleitung zubereiten, dann abkühlen lassen.

5 Sahne steif schlagen. Sobald die Götterspeise anfängt dicklich zu werden, erst den Quark unterrühren, dann die steif geschlagene Sahne unterheben. Ein Drittel der Creme auf dem Boden verstreichen. Etwa zwei Drittel der Mandarinen darauf verteilen. Übrige Creme darauf verstreichen. Die Torte etwa 3 Stunden in den Kühlschrank stellen.

6 Die Torte mit einem Tortenheber vom Backpapier lösen und das Backpapier unter dem Boden wegziehen. Den Springformrand vorsichtig mit einem Messer lösen und entfernen.

7 Zum Garnieren aus der vorbereiteten, fest gewordenen Götterspeise verschiedene Motive ausstechen oder -schneiden, dazu die Götterspeise auf eine Platte stürzen. Die Torte mit den Götterspeisemotiven und restlichen Mandarinen garnieren und bis zum Servieren in den Kühlschrank stellen.

Für eine Sommertorte mit Weintrauben (pro Torte: etwa 4,10 €) statt der Mandarinen blaue und grüne kernlose Weintrauben verwenden. Bereiten Sie dann eine Waldmeister-Götterspeise mit hellem Traubensaft zu.

Der Party-Klassiker

Kalter Hund

Für die Schokoladencreme: 200 g Zartbitter-Kuvertüre • 400 g Vollmilch-Kuvertüre • 150 g Kokosfett • 200 g Schlagsahne • 2 Pck. Dr. Oetker Vanillin-Zucker
Außerdem: etwa 250 g Butterkekse

1 Eine Kastenform (25 x 11 cm) mit einem großen aufgeschnittenen Gefrierbeutel auslegen.

2 Für die Schokoladencreme beide Kuvertüren grob hacken. Kokosfett in Stücke schneiden. Sahne in einem Topf erwärmen und die Kuvertüren und das Kokosfett darin unter Rühren schmelzen. Die Masse gut verrühren und Vanillin-Zucker unterrühren.

3 Die Kastenform mit einer Schicht Butterkeksen auslegen, die Kekse mit einem Sägemesser evtl. zurechtschneiden oder evtl. zerbrechen. Nun so viel Schokoladencreme auf der Keksschicht verteilen, dass diese bedeckt ist. Abwechselnd Schokoladencreme und Kekse in die Kastenform einschichten (7–8 Schichten).

4 Die Kastenform etwa 5 Stunden in den Kühlschrank stellen (am besten über Nacht), damit die Creme fest wird.

5 Das Gebäck auf eine Platte stürzen. Gefrierbeutel vorsichtig abziehen und den Kalten Hund bis zum Servieren in den Kühlschrank stellen.

Besonders lecker schmeckt die Schokoladencreme, wenn man 1 Päckchen Dr. Oetker Finesse Natürliches Orangenschalen-Aroma (Zusatzkosten: etwa 0,25 €) oder 2 Portionspäckchen (je 2 g) Instant-Espresso-Pulver (Zusatzkosten: etwa 0,40 €) unterrührt.

Damit der Gefrierbeutel beim Einschichten nicht wegrutschen kann, die Form einfach etwas fetten und dann die Form mit dem Gefrierbeutel auslegen. Anstelle des Gefrierbeutels kann man auch Frischhaltefolie verwenden. Das Rezept gelingt auch mit Schokolade statt Kuvertüre.
Der Kalte Hund kann einige Tage vor dem Servieren zubereitet werden. Verpacken Sie ihn in Alufolie und bewahren Sie ihn im Kühlschrank auf.

Zubereitungszeit: 45 Minuten, ohne Kühlzeit
Insgesamt: E: 62 g, F: 470 g, Kh: 508 g, kJ: 27193, kcal: 6529, BE: 42,5

Pro Kuchen etwa
3,55 €

Beliebter Snack

Partybrötchen mit Frischkäse

Für den Hefeteig: 500 g Weizenmehl • 1 Pck. (42 g) frische Hefe • ½ TL Zucker • 125 ml (1/8 l) lauwarmes Wasser • 125 ml (1/8 l) lauwarme Milch • 1 gestr. TL Salz • 150 g Frischkäse mit Kräutern

Zubereitungszeit: 45 Minuten, ohne Teiggehzeit • Backzeit: 25–30 Minuten
Pro Stück: E: 6 g, F: 4 g, Kh: 32 g, kJ: 784, kcal: 187, BE: 2,5

1 Für den Teig Mehl in eine Schüssel geben und in die Mitte eine Vertiefung drücken. Hefe hineinbröckeln, Zucker und etwas Wasser hinzufügen, mit einer Gabel vorsichtig verrühren und etwa 10 Minuten stehen lassen.

2 Milch, Salz, Frischkäse und restliches Wasser hinzufügen. Die Zutaten mit Handrührgerät mit Knethaken zunächst kurz auf niedrigster, dann auf höchster Stufe in etwa 5 Minuten zu einem glatten Teig verarbeiten. Den Teig zugedeckt so lange an einem warmen Ort gehen lassen, bis er sich sichtbar vergrößert hat (etwa 30 Minuten).

3 Den Teig leicht mit Mehl bestäuben, aus der Schüssel nehmen, auf einer leicht bemehlten Arbeitsfläche nochmals gut durchkneten und zu einer Rolle formen. Die Teigrolle in 10 gleich große Portionen teilen, zu Brötchen formen und auf einem Backblech (mit Backpapier belegt) zu einem Kranz zusammenlegen.

4 Teigbrötchen nochmals zugedeckt so lange an einem warmen Ort gehen lassen, bis sie sich sichtbar vergrößert haben (etwa 20 Minuten).

5 Den Backofen vorheizen.
Ober-/Unterhitze: etwa 200 °C
Heißluft: etwa 180 °C

6 Das Backblech mittlerer Einschubleiste in den vorgeheizten Backofen schieben. Den Kranz **25–30 Minuten backen.**

7 Den Brötchenkranz vom Backpapier lösen und auf einem Kuchenrost erkalten lassen.

Bunter werden die Brötchen, wenn zusätzlich eine fein gewürfelte rote Paprikaschote (Zusatzkosten: etwa 0,70 €) unter den Teig geknetet wird.

Für 10 Brötchen etwa
2,05 €

Mal was anderes

Würzige Käse-Tarte

Zum Vorbereiten: 100 g Frühlingszwiebeln
Für den Teig: 50 g Weizenmehl (Type 550) • 1 gestr. TL Dr. Oetker Backin • 1 gestr. TL Salz • 1 gestr. TL Zucker • 250 g Magerquark • 200 g Kräuter-Frischkäse • 25 g TK-8-Kräuter • 2 Eier (Größe M) • 4 EL Olivenöl • 30 g gestiftelte Mandeln
Zum Garnieren: einige Stängel Kerbel

Zubereitungszeit: 40 Minuten • Backzeit: etwa 45 Minuten
Insgesamt: E: 77 g, F: 120 g, Kh: 72 g, kJ: 7043, kcal: 1681, BE: 4,5

1 Zum Vorbereiten Frühlingszwiebeln putzen, abspülen, abtropfen lassen und in schmale Ringe schneiden.

2 Den Backofen vorheizen.
Ober-/Unterhitze: etwa 180 °C
Heißluft: etwa 160 °C

3 Für den Teig Mehl, Backpulver, Salz und Zucker in eine Rührschüssel geben und verrühren. Quark, Frischkäse, gefrorene Kräuter, drei Viertel der Zwiebelringe, Eier und Olivenöl dazugeben und mit Handrührgerät mit Rührbesen unterrühren.

4 Den Teig in eine Tarteform (Ø 26–28 cm, gefettet, mit Semmelbröseln bestreut) geben und glatt streichen. Restliche Zwiebelringe und Mandelstifte darauf verteilen.

5 Die Form auf dem Rost auf mittlerer Einschubleiste in den vorgeheizten Backofen schieben. Die Tarte **etwa 45 Minuten backen.**

6 Die Form auf einen Kuchenrost stellen. Die Tarte in der Form erkalten lassen. Den Kerbel abspülen, trocken tupfen und in kleine Stängel zupfen. Die Tarte in Stücke schneiden und mit Kerbel garnieren.

Die Käse-Tarte schmeckt lauwarm besonders gut. Als Beilage eignen sich z. B. gedünstete Tomaten. Für 4–6 Portionen 2 mittelgroße Zwiebeln abziehen, in Würfel schneiden und in 4 Esslöffeln Olivenöl 10 Minuten dünsten. 500 g kleine Tomaten abspülen, abtrocknen, halbieren und etwa 3 Minuten mitdünsten. Das Gemüse mit Salz, Pfeffer und etwas Cayennepfeffer würzen, mit einem Esslöffel Schnittlauchröllchen oder gehacktem Basilikum bestreuen (Zusatzkosten: etwa 2,- €).

Pro Tarte etwa
3,75 €

Auch zum Mitnehmen geeignet

Tomatenbrote

Für den Hefeteig: 100 g getrocknete, in Öl eingelegte Tomaten • 450 g Weizenmehl (Type 550) • 1 Pck. Dr. Oetker Trockenbackhefe • 2 gestr. TL Salz • 270 ml warmes Wasser • 5 EL Speiseöl, z. B. von den eingelegten Tomaten

1 Für den Teig die Tomaten in einem Sieb abtropfen lassen, dabei das Öl auffangen. Tomaten in feine Streifen schneiden.

2 Mehl mit Trockenbackhefe in einer Rührschüssel mischen. Salz, Wasser und Öl hinzufügen, mit Handrührgerät mit Knethaken zunächst kurz auf niedrigster, dann auf höchster Stufe in etwa 5 Minuten zu einem glatten Teig verarbeiten.

3 Den Teig leicht mit Mehl bestäuben und zugedeckt so lange an einem warmen Ort gehen lassen, bis er sich sichtbar vergrößert hat (etwa 40 Minuten).

4 Den Backofen vorheizen.
Ober-/Unterhitze: etwa 250 °C
Heißluft: etwa 230 °C

5 Den Teig nochmals mit Handrührgerät mit Knethaken kurz durchkneten. Tomatenstreifen unterkneten. Den Teig mit etwas Mehl bestäuben, zu einer Rolle formen und in 4 gleich große Portionen teilen.

6 Die Teigportionen jeweils zu einer Rolle von etwa 24 cm Länge formen. Die Teigrollen so formen, dass die Enden sehr viel dünner als die Mitte sind.

7 Die Teigrollen versetzt auf ein Backblech (mit Backpapier belegt) legen, leicht mit Mehl bestäuben und zugedeckt an einem warmen Ort nochmals so lange gehen lassen, bis sie sich sichtbar vergrößert haben (etwa 30 Minuten).

8 Die Teigrollen jeweils mit einem Sägemesser 2–3-mal schräg, etwa ½ cm tief einschneiden. Das Backblech auf mittlerer Einschubleiste in den vorgeheizten Backofen schieben. Die Tomatenbrote **etwa 10 Minuten backen.** Dann die Backofentemperatur um 50 °C auf Ober-/Unterhitze: etwa 200 °C, Heißluft: etwa 180 °C herunterschalten und die Tomatenbrote **weitere 15–20 Minuten backen.**

Zubereitungszeit: 50 Minuten, ohne Teiggehzeit • Backzeit: 25–30 Minuten
Pro Brot: E: 15 g, F: 16 g, Kh: 90 g, kJ: 2395, kcal: 572, BE: 7,5

4 kleine Brote etwa 2,35 €

Zum Vorbereiten

Gefüllter Partyring

Für die Füllung: 1 Dose Champignonscheiben (Abtropfgewicht 230 g) • 1 mittelgroße Zwiebel • 1 Knoblauchzehe • 150 g Bacon (Frühstücksspeck) • 25 g Italienische TK-Kräuter • 70 g Tomatenmark • Salz • frisch gemahlener Pfeffer • Zucker

Für den Hefeteig: 375 g Weizenmehl • 1 Pck. Hefeteig Garant • 225 ml Wasser • 1 EL Olivenöl

Zum Bestreichen: 1 EL Olivenöl

Zubereitungszeit: 45 Minuten, ohne Abkühl- und Ruhezeit • Backzeit: 30–35 Minuten
Insgesamt: E: 75 g, F: 68 g, Kh: 295 g, kJ: 9025, kcal: 2154, BE: 24,0

1 Für die Füllung Champignons in einem Sieb abtropfen lassen. Zwiebel abziehen und in kleine Würfel schneiden. Knoblauch abziehen und durch eine Knoblauchpresse drücken. Bacon in kleine Stücke schneiden, in einer Pfanne ohne Fett bei mittlerer Hitze ausbraten. Zwiebelwürfel und Knoblauch hinzufügen und mit anbraten.

2 Champignonscheiben fein hacken, mit Kräutern und Tomatenmark zur Baconmasse geben und unterheben. Die Masse unter Rühren kurz erhitzen und mit Salz, Pfeffer und Zucker würzen. Die Masse abkühlen lassen.

3 Für den Teig Mehl in eine Rührschüssel geben und mit Hefeteig Garant vermischen. Wasser und Öl hinzufügen. Die Zutaten mit Handrührgerät mit Knethaken zunächst kurz auf niedrigster, dann auf höchster Stufe in etwa 2 Minuten zu einem glatten Teig verarbeiten.

4 Den Teig auf einer leicht bemehlten Arbeitsfläche zu einem Rechteck (etwa 30 x 50 cm) ausrollen. Die Bacon-Champignon-Masse darauf verteilen, dabei rundherum einen etwa 2 cm breiten Rand frei lassen. Die Teigränder mit Wasser bestreichen. Den Teig von der längeren Seite her aufrollen, auf ein Backblech (mit Backpapier belegt) legen, zu einem Ring formen und etwa 15 Minuten ruhen lassen.

5 Den Backofen vorheizen.
Ober-/Unterhitze: etwa 200 °C
Heißluft: etwa 180 °C

6 Den Teigring rundherum in etwa 3 cm dicke Scheiben schneiden, dabei den Ring nicht ganz bis zur Innenkante durchschneiden. Die Teigscheiben nach außen drehen und flach auf das Backpapier legen. Der Ring bleibt dabei erhalten! Den Teigring mit Öl bestreichen.

7 Das Backblech auf mittlerer Einschubleiste in den vorgeheizten Backofen schieben. Den Ring **30–35 Minuten backen.**

8 Den Partyring mit dem Backpapier vom Backblech auf einen Kuchenrost ziehen und erkalten lassen.

Pikant

Quiche Lorraine

Für den Knetteig: 250 g Weizenmehl • 1 Msp. Dr. Oetker Backin • 1 Prise Salz • 1 Ei (Größe M) • 2 EL kaltes Wasser • 125 g weiche Butter oder Margarine
Für den Belag: 120 g durchwachsener Speck • 100 g Gouda-Käse • 4 Eier (Größe M) • 200 g Schlagsahne • Salz • frisch gemahlener Pfeffer • frisch geriebene Muskatnuss

Zubereitungszeit: 40 Minuten • Backzeit: etwa 40 Minuten
Insgesamt: E: 180 g, F: 264 g, Kh: 180 g, kJ: 15060, kcal: 3600, BE: 18,0

1 Den Backofen vorheizen.
Ober-/Unterhitze: etwa 200 °C
Heißluft: etwa 180 °C

2 Für den Teig Mehl mit Backpulver in einer Rührschüssel mischen. Übrige Zutaten für den Teig hinzufügen und alles mit Handrührgerät mit Knethaken zunächst kurz auf niedrigster, dann auf höchster Stufe zu einem Teig verarbeiten. Anschließend den Teig mit den Händen zu einer Kugel formen.

3 Zwei Drittel des Teiges in der Größe eines Tarte- oder Springformbodens (Ø 26–28 cm) ausrollen und als Teigboden in die Tarte- oder Springform (gefettet) legen oder auf dem Boden der Springform ausrollen und den Springformrand darumlegen.

4 Den übrigen Teig zu einer langen Rolle formen, als Rand auf den Teigboden legen und so an die Form drücken, dass ein etwa 2 cm hoher Rand entsteht. Den Boden mehrmals mit einer Gabel einstechen. Die Form auf dem Rost auf mittlerer Einschubleiste in den vorgeheizten Backofen schieben. Den Boden **etwa 15 Minuten vorbacken.**

5 Für den Belag den Speck fein würfeln, in einem Topf andünsten und etwas abkühlen lassen. Käse in feine Streifen schneiden. Speck mit Käse, Eiern und Schlagsahne verrühren, mit Salz, Pfeffer und Muskatnuss würzen. Den Belag auf dem vorgebackenen Boden verteilen.

6 Die Form wieder auf dem Rost in den Backofen schieben und bei gleicher Backofeneinstellung **weitere etwa 25 Minuten** backen.

7 Die Quiche noch warm und nach Belieben mit Kräuterblättchen garniert servieren.

Pro Quiche etwa 2,95 €

etwa 20 Stück

Käsestangen

1 Pck. TK-Blätterteig (450 g)
Für den Belag: 100 g geriebener Käse, z. B. Emmentaler • Paprikapulver edelsüß • frisch gemahlener Pfeffer
Zum Bestreichen: 1 Eigelb (Größe M) • 1 EL Milch

1 Den Blätterteig nach Packungsanleitung auftauen lassen.

2 Für den Belag Käse, Paprikapulver und Pfeffer in einer Schüssel mischen. Die Hälfte der Blätterteigscheiben aufeinanderlegen und auf der bemehlten Arbeitsfläche zu einem Rechteck (etwa 20 x 40 cm) ausrollen.

3 Zum Bestreichen Eigelb mit Milch verquirlen und Blätterteig damit bestreichen. Die Hälfte der Käsemasse auf einer Teighälfte (20 x 20 cm) verteilen. Die zweite Teighälfte daraufklappen und andrücken.

4 Den Backofen vorheizen.
Ober-/Unterhitze: etwa 200 °C
Heißluft: etwa 180 °C

5 Das Blätterteigquadrat mit einem scharfen Messer in 2 cm breite Streifen schneiden. Die Streifen spiralförmig drehen und auf ein Backblech (30 x 40 cm, mit Backpapier belegt) legen. Die Enden auf dem Backpapier andrücken. Spiralen etwa 10 Minuten ruhen lassen.

6 Restliche Blätterteigscheiben und restliche Füllung auf die gleiche Weise verarbeiten und auf ein Backblech (mit Backpapier belegt) legen.

7 Die Teigseiten der Spiralen mit der restlichen Eigelbmilch bestreichen. Die Backbleche nacheinander auf mittlerer Einschubleiste in den vorgeheizten Backofen schieben. Die Käsestangen **etwa 15 Minuten je Backblech backen.**

8 Die Käsestangen mit dem Backpapier von den Backblechen auf Kuchenroste ziehen und erkalten lassen.

Bei Heißluft können beide Backbleche zusammen in den Backofen geschoben werden.

Zubereitungszeit: 25 Minuten, ohne Auftau- und Ruhezeit • Backzeit: etwa 15 Minuten je Backblech
Pro Stück: E: 3 g, F: 7 g, Kh: 8 g, kJ: 450, kcal: 108, BE: 0,5

Wenn Sie nur 1 Backblech haben, können Sie die restlichen Stangen auf Backpapier vorbereiten, dann mit dem Backpapier auf das Backblech ziehen und wie angegeben backen.

Gut vorzubereiten

Salami-Oliven-Kuchen

Zum Vorbereiten: 70 g schwarze Oliven, ohne Stein • 150 g Salami, in dünnen Scheiben
Für den Teig: 200 g Weizenmehl (Type 550) • 3 gestr. TL Dr. Oetker Backin • 1 gestr. TL Salz • 1 TL gerebelter Oregano • 150 ml Buttermilch • 3 Eier (Größe M) • 100 ml Olivenöl

1 Zum Vorbereiten Oliven in einem Sieb abtropfen lassen und in dünne Ringe schneiden. Salami in kurze, schmale Streifen schneiden.

2 Den Backofen vorheizen.
Ober-/Unterhitze: etwa 180 °C
Heißluft: etwa 160 °C

3 Für den Teig Mehl mit Backpulver, Salz und Oregano in eine Rührschüssel geben und mit einem Schneebesen verrühren. Buttermilch, Eier und Olivenöl hinzufügen, mit Handrührgerät mit Rührbesen unterrühren. Olivenringe und drei Viertel der Salamistreifen unterrühren.

4 Den Teig in eine Kastenform (25 x 11 cm, gefettet, mit Semmelbröseln ausgestreut) füllen, glatt streichen und mit restlichen Salamistreifen bestreuen. Die Form auf dem Rost im unteren Drittel in den vorgeheizten Backofen schieben. Den Kuchen **50–60 Minuten backen.**

5 Die Form auf einen Kuchenrost stellen. Den Kuchen etwa 10 Minuten in der Form stehen lassen, dann auf einen mit Backpapier belegten Kuchenrost stürzen. Den Kuchen umdrehen und erkalten lassen.

Für einen Schinken-Champignon-Kuchen (pro Kuchen: etwa 3,15 €) die Salami durch 125 g gewürfelten Schinken und die Oliven durch 170 g gut abgetropfte Champignonscheiben aus dem Glas ersetzen. Den pikanten Kuchen nach Belieben statt mit Oregano mit 1 Teelöffel italienischer Kräutermischung würzen.

Der Kuchen eignet sich auch für ein Picknick zum Mitnehmen.

Zubereitungszeit: 35 Minuten • Backzeit: 50–60 Minuten
Insgesamt: E: 78 g, F: 197 g, Kh: 165 g, kJ: 11444, kcal: 2733, BE: 13,0

Pro Kuchen etwa
3,25 €

Partygeeignet

Pesto-Schnecke

Für den Hefeteig: 375 g Weizenmehl (Type 550) • 1 Pck. Dr. Oetker Trockenbackhefe • 1 TL Zucker • 1 TL Salz • 225 ml lauwarmes Wasser • 2 EL Sonnenblumenöl
Für die Füllung: 1 Glas grünes Pesto (Inhalt 90 g)
Zum Bestreichen und Bestreuen: 1 EL Wasser • 1 EL grobes Meersalz

1 Für den Teig Mehl in eine Rührschüssel geben und mit Hefe, Zucker und Salz gut vermischen. Wasser und Öl hinzufügen. Die Zutaten mit Handrührgerät mit Knethaken zunächst auf niedrigster, dann auf höchster Stufe in etwa 5 Minuten zu einem glatten Teig verarbeiten.

2 Den Teig leicht mit Mehl bestäuben und zugedeckt an einem warmen Ort so lange gehen lassen, bis er sich sichtbar vergrößert hat (etwa 30 Minuten).

3 Den Teig leicht mit Mehl bestäuben. Den Teig auf einer leicht bemehlten Arbeitsfläche kurz durchkneten, zu einer Rolle formen und zu einem Rechteck (etwa 25 x 60 cm) ausrollen.

4 Für die Füllung Pesto mit einem Teelöffel klecksweise auf dem Rechteck verteilen, dabei rundherum einen 1 cm breiten Rand lassen. Den Teig von der Längsseite her aufrollen und auf ein Backblech (30 x 40 cm, mit Backpapier belegt) legen. Rolle zur Schnecke aufwickeln.

5 Die Teigschnecke mit Wasser bestreichen und mit Salz bestreuen.
Die Teigschnecke zugedeckt so lange an einem warmen Ort gehen lassen, bis sie sich sichtbar vergrößert hat (etwa 20 Minuten).

6 Den Backofen vorheizen.
Ober-/Unterhitze: etwa 200 °C
Heißluft: etwa 180 °C

7 Das Backblech auf mittlerer Einschubleiste in den vorgeheizten Backofen schieben. Die Schnecke **35–40 Minuten backen.**

8 Die Pesto-Schnecke vom Backpapier nehmen und auf einem Kuchenrost erkalten lassen.

Zubereitungszeit: 40 Minuten, ohne Teiggehzeit • Backzeit: 35–40 Minuten
Insgesamt: E: 49 g, F: 57 g, Kh: 301 g, kJ: 8062, kcal: 1928, BE: 25,0

Pro Schnecke etwa
1,60 €

Super einfach

Schnelle Flammküchle

1 Pck. TK-Blätterteig (450 g, 6 rechteckige Platten)
Für den Belag: 150 g Crème fraîche • 1 Beutel oder Pck. Pfeffersauce (erhältlich im Supermarkt) • 100 g geräucherter, durchwachsener Speck • einige Petersilienstängel

1 Die Blätterteigplatten nebeneinander zugedeckt nach Packungsanleitung auftauen lassen. Die Blätterteigplatten jeweils in 4 Stücke schneiden und auf ein Backblech (mit Backpapier belegt) legen.

2 Den Backofen vorheizen.
Ober-/Unterhitze: 180–200 °C
Heißluft: 160–180 °C

3 Für den Belag Crème fraîche mit dem Pfeffersaucenpulver glatt rühren und auf die Teigstücke streichen.

4 Speck in feine Streifen schneiden und darauf verteilen. Das Backblech auf mittlerer Einschubleiste in den vorgeheizten Backofen schieben. Die Flammküchle **10–15 Minuten backen.**

5 Die Flammküchle mit dem Backpapier vom Backblech auf einen Kuchenrost ziehen. Flammküchle etwas abkühlen lassen.

6 Petersilie abspülen und trocken tupfen. Die Blättchen von den Stängeln zupfen. Blättchen klein schneiden. Die Flammküchle damit bestreuen.

Die Flammküchle schmecken kalt und warm.

Für schnelle Salamiküchle (24 Stück: etwa 3,20 €) den Blätterteig wie beschrieben vorbereiten. Für den Belag die Crème fraîche mit einem Päckchen Tomatensaucenpulver und einem Teelöffel gerebelten Oregano verrühren, auf den Teigstücken verteilen. Dann 100 g in Scheiben geschnittene Salami in Streifen schneiden und darauf verteilen. Die Salamiküchle wie angegeben backen.

Zubereitungszeit: 20 Minuten, ohne Auftau- und Abkühlzeit • Backzeit: 10–15 Minuten
Insgesamt: E: 50 g, F: 187 g, Kh: 178 g, kJ: 10777, kcal: 2582, BE: 15,0

24 Stück etwa
3 30 €

Alphabetisches Register

A

Allgemeine Hinweise Seite 158
Apfel-Frischkäse-Torte Seite 110
Apfel-Rahm-Kuchen Seite 16
Apfel-Sahne-Kuchen Seite 68
Apfel-Streusel-Kuchen Seite 25
Apfeltarte Seite 36
Apfeltorte mit Zwiebackhaube Seite 104
Apfel-Zimt-Schnecken Seite 88

B

Birnen-Schoko-Kuchen Seite 72
Biskuitrolle, einfache Seite 88
Blitzkuchen Seite 82
Bunte Puffreistorte Seite 130

D/E/F

Durstige Liese Seite 32
Einfache Biskuitrolle Seite 85
Erdbeer-Schmand-Torte Seite 108
Faule-Weiber-Kuchen Seite 28
Feiner Schokoladen-Gugelhupf Seite 50
Flammküchle, schnelle Seite 152
Frischkäsetorte, schnelle Seite 122

G/H

Gefüllter Partyring Seite 142
Haselnusskuchen Seite 96
Holzfällerschnitten Seite 78

J/K

Joghurt-Erdbeer-Torte Seite 116
Kalter Hund Seite 134
Käsestangen Seite 146
Käse-Tarte, würzige Seite 138
Kirschbutter-Kuchen Seite 90
Kirschkuchen mit Guss Seite 20
Kirschkuchen mit Streuseln Seite 90
Knusperkissen Seite 74
Kokosmilchkuchen Seite 60

M/N

Makronenkuchen Seite 70
Mandarinen-Mandel-Kuchen Seite 76
Mandel-Blitz-Gugelhupf Seite 82
Mandelecken Seite 60
Mandelkuchen Seite 96
Marmor-Becherkuchen Seite 26
Marmorkuchen Seite 18
Marzipanschnecken Seite 89
Mitropa-Torte Seite 112
Möhrenkuchen Seite 52
Mousse-au-Chocolat-Tarte Seite 40
Nussecken, schnelle Seite 66

O/P

Orangen-Butterkeks-Kuchen Seite 124
Orangen-Schoko-Kuchen Seite 58
Orangentorte Seite 118
Partybrötchen mit Frischkäse Seite 136
Partyring, gefüllter Seite 142
Pesto-Schnecke Seite 150
Pflaumen-Streusel-Kuchen Seite 24
Prasselschnitten Seite 74
Puffreistorte, bunte Seite 130

Q/R

Quark-Eierschecke Seite 48
Quarkkuchen Seite 54
Quiche Lorraine Seite 144
Ratgeber Seite 8
Rührteig-Kastenkuchen Seite 22
Russisch-Brot-Torte Seite 100

S/T

Sägespänekuchen Seite 86
Salami-Küchle, schnelle Seite 152
Salami-Oliven-Kuchen Seite 148
Sauerkirsch-Frischkäse-Torte Seite 120
Schinken-Champignon-Kuchen Seite 148
Schmandkuchen Seite 42
Schneekönigin-Eistorte Seite 128
Schnelle Flammküchle Seite 152
Schnelle Salamiküchle Seite 152
Schnelle Frischkäsetorte Seite 122
Schnelle Nussecken Seite 66
Schoko-Kirsch-Gugelhupf Seite 46
Schokoladen-Aprikosen-Kuchen Seite 94
Schokoladen-Pfirsich-Kuchen Seite 94
Schokoladen-Gugelhupf, feiner Seite 50
Schwimmbadtorte Seite 114
Sommertorte mit Mandarinen Seite 132
Sommertorte mit Weintrauben Seite 133
Spiegeleiernester Seite 64
Stachelbeerkuchen Seite 34
Stachelbeerkuchen (Blech) Seite 76
Stracciatella-Schoko-Torte Seite 126
Streuselbrot, süßes Seite 38
Streuselkuchen aus Thüringen Seite 62
Streuselkuchen mit Apfelmus Seite 56
Süßes Streuselbrot Seite 38
Tomatenbrote Seite 140
Tränchentorte Seite 102

W/Z

Wattekuchen mit Mandarinen Seite 80
Wiener Apfelstrudel Seite 98
Würzige Käse-Tarte Seite 138
Zebrakuchen Seite 44
Zitronenkuchen Seite 58
Zitronen-Quark-Sahne-Torte Seite 106
Zitronen-Sahne-Rolle Seite 84
Zuckerkuchen Seite 92
Zwetschen-Tarte Seite 30

Kapitel-Register

Gut vorbereitet – entspannt backen

Ratgeber Seite 8

Immer gut in Form – Kuchen aus der Form

Apfel-Rahm-Kuchen Seite 16
Marmorkuchen Seite 18
Kirschkuchen mit Guss Seite 20
Rührteig-Kastenkuchen Seite 22
Pflaumen-Streusel-Kuchen Seite 24
Apfel-Streusel-Kuchen Seite 25
Marmor-Becherkuchen Seite 26
Faule-Weiber-Kuchen Seite 28
Zwetschen-Tarte Seite 30
Durstige Liese Seite 32
Stachelbeerkuchen Seite 34
Apfeltarte Seite 36
Süßes Streuselbrot Seite 38
Mousse-au-Chocolat-Tarte Seite 40
Schmandkuchen Seite 42
Zebrakuchen Seite 44
Schoko-Kirsch-Gugelhupf Seite 46
Quark-Eierschecke Seite 48
Feiner Schokoladen-Gugelhupf Seite 50
Möhrenkuchen Seite 52

Vom Blech weg genießen – Blechkuchen

Quarkkuchen Seite 54
Streuselkuchen mit Apfelmus Seite 56
Zitronenkuchen Seite 58
Orangen-Schoko-Kuchen Seite 58
Kokosmilchkuchen Seite 60
Streuselkuchen aus Thüringen Seite 62
Spiegeleiernester Seite 64
Schnelle Nussecken Seite 66
Mandelecken Seite 66
Apfel-Sahne-Kuchen Seite 68
Makronenkuchen Seite 70
Birnen-Schoko-Kuchen Seite 72
Knusperkissen Seite 74
Prasselschnitten Seite 74
Mandarinen-Mandel-Kuchen Seite 76
Stachelbeerkuchen Seite 76
Holzfällerschnitten Seite 78
Wattekuchen mit Mandarinen Seite 80
Blitzkuchen Seite 82
Mandel-Blitz-Gugelhupf Seite 82
Zitronen-Sahne-Rolle Seite 84
Einfache Biskuitrolle Seite 85
Sägespänekuchen Seite 86
Apfel-Zimt-Schnecken Seite 88
Marzipanschnecken Seite 89
Kirschbutter-Kuchen Seite 90
Kirschkuchen mit Streuseln Seite 90
Zuckerkuchen Seite 92
Schokoladen-Aprikosen-Kuchen Seite 94
Schokoladen-Pfirsich-Kuchen Seite 94
Haselnusskuchen Seite 96
Mandelkuchen Seite 96
Wiener Apfelstrudel Seite 98

Die Krönung jeder Kaffeetafel – Torten

Russisch-Brot-Torte Seite 100
Tränchentorte Seite 102
Apfeltorte mit Zwiebackhaube Seite 104
Zitronen-Quark-Sahne-Torte Seite 106
Erdbeer-Schmand-Torte Seite 108
Apfel-Frischkäse-Torte Seite 110
Mitropa-Torte Seite 112
Schwimmbadtorte Seite 114
Joghurt-Erdbeer-Torte Seite 116
Orangentorte Seite 118

Nicht nur ein Sommergenuss – Torten aus dem Kühlschrank

Sauerkirsch-Frischkäse-Torte Seite 120
Schnelle Frischkäsetorte Seite 122
Orangen-Butterkeks-Kuchen Seite 124
Stracciatella-Schoko-Torte Seite 126
Schneekönigin-Eistorte Seite 128
Bunte Puffreistorte Seite 130
Sommertorte mit Mandarinen Seite 132
Sommertorte mit Weintrauben Seite 133
Kalter Hund Seite 134

Pikante Leckerbissen – herzhaft Gebackenes

Partybrötchen mit Frischkäse Seite 136
Würzige Käse-Tarte Seite 138
Tomatenbrote Seite 140
Gefüllter Partyring Seite 142
Quiche Lorraine Seite 144
Käsestangen Seite 146
Salami-Oliven-Kuchen Seite 148
Schinken-Champignon-Kuchen Seite 148
Pesto-Schnecke Seite 150
Schnelle Flammküchle Seite 152
Schnelle Salamiküchle Seite 152

Allgemeine Hinweise zum Buch

Bevor Sie mit dem Backen beginnen, möchten wir Ihnen noch einige Tipps und Anmerkungen mit auf den Weg geben.
Die Kosten der Kuchen ergeben sich aus Durchschnittspreisen, die wir von Discountern und Supermärkten ermittelt haben. Sie können je nach Saison und aktueller Marktlage schwanken.

Die Vorbereitung

Lesen Sie vor der Zubereitung – am besten noch vor dem Einkaufen – das Rezept einmal ganz durch. So wird nichts vergessen und Arbeitsabläufe werden klarer.

Die Zubereitungszeit

Bei jedem Rezept finden Sie die Zubereitungszeit. Sie ist ein Orientierungswert und abhängig von Ihrer Backerfahrung. Längere Wartezeiten wie z. B. Kühl- oder Teiggehzeiten sind darin nicht enthalten.

Die Backtemperatur und Backzeit

Die meisten Backöfen unterscheiden sich etwas in ihrer individuellen Hitzeleistung. Aus diesem Grund sind die in den Rezepten angegebenen Backtemperaturen und Backzeiten Richtwerte, die über- oder unterschritten werden können. Die Temperaturangaben in diesem Buch beziehen sich auf Elektrobacköfen. Wenn Sie mit einem Gasbackofen arbeiten, orientieren Sie sich an der Gebrauchsanleitung des Herstellers. Ein Backofenthermometer, das es für wenig Geld im Haushaltswarengeschäft gibt, hilft die Backofentemperatur im Blick zu haben.

Die Nährwerte

Wie viele Nährwerte ein Kuchen enthält, ist in den Rezepten angegeben. Die Angaben beziehen sich entweder auf die in den Rezepten angegebenen Gesamtangaben oder Stückzahlen.

Kurz und knapp: Die Abkürzungen und Symbole

EL	= Esslöffel	Ø	= Durchmesser
TL	= Teelöffel	E	= Eiweiß
Msp.	= Messerspitze	F	= Fett
Pck.	= Packung/Päckchen	Kh	= Kohlenhydrate
g	= Gramm	kJ	= Kilojoule
kg	= Kilogramm	kcal	= Kilokalorien
ml	= Milliliter	BE	= Broteinheiten
l	= Liter		
evtl.	= eventuell		= Tipp zum Rezept
geh.	= gehäuft		
gestr.	= gestrichen		= Spartipp
TK	= Tiefkühlprodukt		
°C	= Grad Celsius		= Rezeptvariante

Impressum — Für Fragen, Vorschläge oder Anregungen stehen Ihnen der Verbraucherservice der Dr. Oetker Versuchsküche
Telefon: 0 08 00 71 72 73 74 Mo.–Fr. 8:00–18:00 Uhr,
Sa. 9:00–15:00 Uhr (gebührenfrei in Deutschland)
oder die Mitarbeiter des Dr. Oetker Verlages
Telefon: +49 (0) 521 520645 Mo.–Fr. 9:00–15:00 Uhr
zur Verfügung.
Schreiben Sie uns:
Dr. Oetker Verlag KG, Am Bach 11, 33602 Bielefeld
oder besuchen Sie uns im Internet unter www.oetker-verlag.de
oder www.oetker.de.

Umwelthinweis — Dieses Buch und der Einband wurden auf chlorfrei gebleichtem Papier gedruckt. Die Einschrumpffolie – zum Schutz vor Verschmutzung – ist aus umweltfreundlichem und recyclingfähigem PE-Material.

Redaktion — Andrea Gloß

Innenfotos — Walter Cimbal, Hamburg (S. 31, 105, 153)
Fotostudio Diercks (Thomas Diercks, Christiane Krüger, Kai Boxhammer), Hamburg (S. 8, 15–19, 23, 29, 33, 43–47, 51, 57, 61, 65, 75–79, 85, 99–103, 107, 113, 115, 123, 125, 131, 139, 141, 145, 149)
Ulli Hartmann, Halle/Westf. (S. 25, 41, 71, 95, 117, 127)
Antje Plewinski, Berlin (S. 4, 11–13, 21, 27, 35–37, 39, 49, 53, 55, 59, 63, 67, 69, 73, 81, 83, 87–93, 97, 109, 111, 119, 121, 129, 133, 137, 143, 147, 151)

Foodstyling — Anke Rabeler, Berlin

Rezeptberatung — Annette Elges, Bielefeld

Nährwertberechnungen — Nutri Service, Hennef

Grafisches Konzept und Gestaltung — kontur:design, Bielefeld
Titelgestaltung — kontur:design, Bielefeld

Satz — Typografika, Bielefeld
Reproduktionen — Longo AG, Bozen, Italien
Druck und Bindung — Firmengruppe APPL, aprinta druck, Wemding

ISBN 978-3-7670-0989-9